STEAM创新实践项目

物联网
课程活动设计

wulianwang kecheng huodong sheji

主编　王陆雁

图书在版编目（CIP）数据

物联网课程活动设计 / 王陆雁主编 . —苏州：苏州大学出版社，2019.8

STEAM 创新实践项目

ISBN 978-7-5672-2930-3

Ⅰ.①物… Ⅱ.①王… Ⅲ.①科学知识—初中—教学参考资料 Ⅳ.① G634.73

中国版本图书馆 CIP 数据核字（2019）第 168130 号

书　　名：物联网课程活动设计

主　　编：王陆雁
责任编辑：金莉莉
装帧设计：刘　俊

出版发行：苏州大学出版社（Soochow University Press）
社　　址：苏州市十梓街 1 号　　邮编：215006
网　　址：www.sudapress.com
E-mail：sdcbs@suda.edu.cn
印　　装：苏州工业园区美柯乐制版印务有限责任公司
邮购热线：0512-67480030　　销售热线：0512-65225020
网店地址：https：//szdxcbs.tmall.com/（天猫旗舰店）

开　　本：787 mm × 1 092 mm　1/16　　印张：6.75　　字数：128 千
版　　次：2019 年 8 月第 1 版
印　　次：2019 年 8 月第 1 次印刷
书　　号：ISBN 978-7-5672-2930-3
定　　价：36.00 元

前言

随着人工智能、大数据、智能制造等技术不断成熟，物联网时代正逐渐到来。各种物联网的应用让我们感受到“万物互联”给我们生活带来的巨大便利，而物联网时代也对人才提出了更高的要求。其核心要求就是创新能力。利用物联网技术进行创新教育，培养学生的创新精神和能力，成了物联网时代学校教育的一大趋势。

到底如何开展物联网创新教学活动？相信这对于很多教师来说都是一个头疼的问题。因此，需要一本与学校教材内容紧密相关且操作性强的物联网课程活动设计指导书，为教师开展物联网教学活动提供具体、明确的指导。而如何将物联网技术和学科学习融合起来，我们一直在探索，也建立了一些成熟的教学活动模式和设计了优秀的创意作品。因此，我们将多年来的探索成果总结提炼，以物理“声、光、电、力、热”为主题，分析其与物联网相联系的切入点，设计了 10 个 STEAM 创新实践项目，并对如何开展每个项目的教学活动提供步骤指导，以供有意愿开展物联网创新课程教学活动的教师参考使用。

各章的编写思路及教学活动建议如下：

1. 物联网简介

本章内容主要向学生介绍物联网的发展概况、特征等知识，图文并茂，密切联系现代科技和生活实际，让学生对物联网技术有一个大概的认识，了解物联网对人类生活和社会发展的影响，具有较强的可读性。为了适合中学生学习，有些比较深入的知识没有在教材中进一步展开。

2. 预备活动

本章主要引导学生观察生活，从而知道物联网在生活和生产中有哪些应用，激发学生的好奇心和求知欲，鼓励学生走进物联网的世界，揭开物联网世界的奥秘，激发学生运用物联网技术设计属于自己的物联网作品，希望学生通过本教材项目的研究学习，今后能参与到与物联网有关的探索中。

3. 项目活动

在讨论编写这本教材的时候，从什么项目切入，成了讨论的重点。STEAM课程的第一层意思就是科学，美国物理教师协会将这个观点表述为“物理第一”。物理学是与我们对物质的基本感知联系最为密切的科学，物理学也为其他科学领域的量化方法奠定了基础，并成为科学方法的第一范例。在中学阶段学生学好物理知识是科技活动开展的前提和基础。毫无疑问，在开展STEAM教育中，物理知识必须在学习技术、工程、数学等知识中起到引领作用。这无疑也为我们编写教材指明了一条途径。根据学生的认知规律，我们由浅入深地在每个项目前介绍不同的物理知识，并针对这些知识开展相关的项目学习。

4. 教学活动建议

每个项目设计可安排四课时，第一课时，知识准备。主要介绍物理知识和相关技术知识。第二课时，介绍生活中的场景。场景引入与现实结合，作为学生发问和思考前的铺垫，引导学生分析问题，设计项目方案。第三课时，组织学生开展关于项目的研究活动，通过活动步骤的引导，培养学生的各项能力。第四课时，评价与交流，学生将作品进行交流和分享，通过小组交流，欣赏他人作品，并提出问题，在交流和反思中促进提升。同时，科技写作是课后的延伸和评价环节，可让学生继续思考探索，也可锻炼学生的写作能力和口头表达能力。

欢迎从事STEAM课程研究的老师参与到本教材的编写和修改中来，让我们共同为提高中学STEAM教研水平、提高中学生科学素养做出贡献。

面向未来

随着科技的飞速发展，大数据、人工智能、物联网技术已进入人们日常的生活中。现在的学生不仅要跟人打交道，也要跟这些前沿的科技打交道，教育的新任务就是引领学生适应未来的人工智能时代，培养适应时代发展的科技人才。学校要让学生能够提前接触物联网技术这类前沿科技，了解传感器的一些基本应用，用模块化的编程指令进行创新功能的设计。通过对物联网技术的体验和创新，学生进一步感受到科技带给人类的益处，同时提高对新技术的应用能力。

2016 年，无锡市侨谊实验中学的吕昕羽、朱妍菲两位同学获得了全国中小学信息技术创新与实践活动（NOC）的最高奖项——恩欧希教育信息化发明创新奖，且在四千多名选手中位列第一。她们的作品名为 Alpha Cage，意思是和谷歌“阿尔法狗”一样聪明的智能宠物笼。在颁奖活动现场，她们代表所有参赛选手，向来自全国各地的师生代表做了精彩的作品分享！

2017 年，第 15 届全国中小学信息技术创新与实践活动决赛在青岛大学举行，来自全国各地的近八千名选手参加了决赛。从江苏省选拔赛中脱颖而出的来自无锡市侨谊实验中学的 22 位竞赛选手，通过现场创意方案的陈述、作品的展示、裁判提问的应答等环节，在选手众多、比赛角逐异常激烈的情况下，最终有 7 人获得全国一等奖，一等奖获奖人数居江苏省乃至全国各初中代表队之首。

在这些小创客中有一位特殊的孩子，名叫陈耔蓬。他虽然身患重疾，但学习成绩始终名列前茅。他对物联网科技非常热爱，通过自己的努力，他的两件物联网小发明分别获得全国和世界物联网创新一等奖。他的事迹也感动了时任阿里巴巴集团董事局主席的马云。同年 9 月 10 日，在世界物联网博览会的现场，马云指名和陈籽蓬见面。时隔一个月，无锡市侨谊实验中学师生受到阿里巴巴总部的邀请，参加在杭州举行的云栖大会。在主会场上，师生们又一次近距离倾听了马云和多位科技大咖的演讲，还参观了各个科技展馆，见识到了前沿的科技成果，感受到了科技发展的日新月异。

2018年，无锡市侨谊实验中学IOT创客社团的“芯箱联”小队，师生共11人，参加中央电视台少儿频道《看我72变——创意少年》节目的录制，将物联网小发明“智能旅行箱”以舞台剧的形式展现给了全国的观众，并从来自全国的30所学校的学生队伍中脱颖而出，夺得了周冠军、季冠军，抱回两座小金人。

多年来无锡市侨谊实验中学始终坚持对学生科技教育的探索和实践，开展项目学习，激发学生对科学探索的兴趣，培养科学思维，锻炼动手能力，激发创新精神。世界在不断地变化，教育也应该与时俱进。为了深入开展学生的科技活动，进一步提高新时代学生的创新精神与实践能力，无锡市侨谊实验中学立足时代，面向未来，正在不断地探索和研究STEAM课程，并鼓励教师开设多样化课程。

本书既是对以往学校科技活动经验的总结，更是对学校物联网教育的补充和完善。本书图文并茂，切合初中生的实际，为学生创设了很多真实的情境，鼓励学生像科学家一样去思考问题，像工程师一样去解决问题，在观察、探究、表达、合作过程中增长知识，培养才能，鼓励学生做具有探索与创新精神的创客，从而让学生获得全面而富有个性的成长。

教育必须面向未来，学校要提供更多接触新技术的平台与机会，鼓励学生学会探索，学会创造。希望未来的主人翁们，勇于探索未知世界，以造福社会为己任，立志成为国家的栋梁之材！

无锡市侨谊实验中学校长　王陆雁

2019年5月18日

王陆雁

“STEAM 教育需要的是全员教师的参与，需要的是教师的 STEAM 思维模式的建立，改变的是学生的思维理念和学习方式。”

中共党员，中学高级教师。无锡市侨谊教育集团党委书记兼总校长，无锡市侨谊实验中学校长，江苏省教育学会初中专业委员会理事，无锡市教育学会初中专业委员会副理事长。

杨　贤

“作为基础教育的一线教师，我深知自己永远无法走在技术的最前沿，但我会努力通过学习，走在意识的最前沿。”

无锡市侨谊实验中学物理教师，曾获江苏省初中应用物理知识竞赛优秀指导教师奖；江苏省青少年科技模型竞赛优秀教育工作者，连续多年获教师优秀辅导奖；获全国中小学信息技术创新与实践活动优秀指导教师奖；获中央电视台少儿频道《看我 72 变——创意少年》栏目季冠军指导教师奖；曾多次担任全国物联网创新设计大赛评委；曾任全国 STEAM 与创客课程评优教师赛评委；被评为无锡市物联网工作先进个人；曾获教育部“一师一优课、一课一名师”部级“优课”奖，并作为教师代表参加教育部举办的中英教育技术论坛。

丁　健

“相比于技术本身，重新发现和探索世界的好奇心更重要。”

章鱼小思 STEAM 创新实验室创始人，获中国人民大学 MBA 学位。编有《米思齐创客教育丛书》《物联网创新教育案例集》等书。曾任知名互联网公司高管、以色列创新公司高管。华东多所学校特聘 STEAM 课程专家。

孔丽丽

“万物互联改变生活。发现生活中的问题，勤于思考，用你的创新设计让生活充满智能！”

江南大学教育技术学专业硕士，现为无锡市蠡园中学信息技术教师，开展校园创客教育，探索培养学生创新思维和实践能力的课堂教学。希望和不同学科的教师一起探索和实践创客教育的理念和方式。

刘一鸣

“教育的真谛是把心点亮，而不是把篮子装满。”

江南大学计算机技术专业硕士，主要研究方向为图像处理，计算机视觉爱好者。开展校园创客教育，主张“授人以鱼不如授人以渔”，倡导“造物”。培养创新意识的同时，给学生创造一种宽松、愉快、自由的氛围，让他们在开放的学习交流中完成属于自己的作品。

张 立

“开放创新，探究体验，培育大众创客精神。”

江南大学计算机技术专业硕士，研究方向为图像处理。创客教育注重培养跨学科解决问题的能力、团队协作能力和创新能力，引导学生自主思考，真正让学生做到学以致用。

STEAM 展示课场景一

STEAM 展示课场景二

STEAM 展示课场景三

IOT 社团成员展示自制的智能发光衣

陈籽蓬、过天逸获得 2017 世界物联网博览会 · 青少年物联网创新创客大赛一等奖

杨增、张宇航获得 2018 世界物联网博览会·青少年物联网创新创客大赛一等奖

中央电视台少儿频道《看我 72 变——创意少年》节目录制现场

无锡侨谊实验中学 IOT 社团参观江南大学物联网工程学院

吕昕羽、朱妍菲、吕颖获得第 14 届全国中小学信息技术创新与实践活动一等奖

组织学生赛前训练

目录

第一章　物联网简介

自2009年温家宝总理在无锡提出“感知中国”以来，一晃十年过去了。这十年中，物联网以及由其衍生的大数据、人工智能等技术，从概念变成了一项项身边的应用，真切地影响着我们每一个人。

无论是共享单车、智能公交系统、物联网农业，还是智能插座，都将没有“知觉”的物，升级成能自动搜集信息、为我们的生活和工作提供便利的“助手”。从这个意义上说，物联网把人从单一、重复的工作中解放出来，从而从事更重要的创新、决策等工作。

现如今，物联网已经深入我们生活的各个方面。通过本书的学习，学生能够了解、研究并应用物联网，将书本的理论与实际相结合，通过动手实践，制作出自己的物联网作品。

集跬步至千里，让我们开始物联网与人工智能之旅。

——梁溪区教师发展中心信息技术教研员　杨嘉辉

第一节　物联网的起源与发展

早在 1991 年，美国麻省理工学院的凯文·阿什顿（Kevin Ashton）教授就首次提出物联网的概念。1995 年，比尔·盖茨在他的著作《未来之路》中也曾提到物联网，随后相继有人提出物联网的概念。1999 年，美国麻省理工学院“自动识别中心”提出“万物皆可通过网络互联”的观点。2003 年，美国《技术评论》提出传感网络技术将是未来改变人们生活的十大技术之首。2005 年，国际电信联盟（ITU）发布的《ITU 互联网报告 2005：物联网》中也引用了物联网的概念。

虽然物联网的概念早已被多次提及，但一直未能引起人们的足够重视。直到 2008 年，为了促进科技发展并寻找新的经济增长点，各国政府才开始将目光放在物联网上，并将物联网作为下一代的技术规划。仿佛一夜之间，物联网便成了时髦的新名词。2009 年欧盟委员会发表了欧洲物联网行动计划，描绘了物联网技术的应用前景，提出欧盟政府要加强对物联网的管理，促进物联网的发展。随后，IBM 首席执行官彭明盛在“圆桌会议”上首次提出“智慧地球”这一概念。2009 年 2 月 24 日，IBM 大中华区 CEO 钱大群在 IBM 论坛上提出了名为“智慧的地球”的最新策略。国内对物联网的发展也给予了高度的重视。2009 年 8 月，“感知中国”概念的提出，把我国物联网领域的研究和应用开发推向了高潮。率先建立了“感知中国”研究中心的城市就是无锡市。中国科学院、相关运营商及多所大学相继在无锡建立了物联网研究机构。

随着科技的发展，物联网的定义早已发生了巨大的变化，覆盖范围也有了较大的拓展，不再是最初提出的只基于射频识别技术的物联网。如今的物联网是多种技术在各方面的综合运用。

没有任何一个事物是朝夕可成的，物联网自然也不例外。虽然早在 20 世纪 90 年代就有人提及物联网的概念，但是直到 2016 年物联网才迎来了自己的发展元年。如今，物联网在生活各方面已有广泛运用，各国都在大力发展物联网。

第二节　物联网的国家战略

物联网是继互联网之后的又一新的信息科学技术，目前，世界各国已将发展物联网作为抢占新一轮经济和科技发展制高点的重大战略。

我国也将物联网作为战略性新兴产业列为国家的发展重点，并在《“十二五”规划纲要》及《“十三五”国家战略性新兴产业发展规划》中明确指出：实施网络强国战略，加快建设“数字中国”，推动物联网、云计算、人工智能等技术向各行业全面融合渗透，构建万物互联、融合创新、智能协同、安全可控的新一代信息技术产业体系。到2020年，力争在新一代信息技术产业薄弱环节实现系统性突破，总产值规模超过12万亿元。

物联网是国家战略性新兴产业的重要组成部分，正成为推动信息技术在各行各业更深入应用的新一轮信息化浪潮。发展物联网产业，是实现技术自主可控、保障国家安全的迫切需要；是促进产业结构调整、推进两化融合的迫切需要；是发展战略性新兴产业、带动经济增长的迫切需要；是提升整体创新能力、建设创新型国家的迫切需要。物联网产业作为新一代信息技术产业中最为重要的一支，其发展的战略意义巨大。

在我国，“互联网+”战略格局背景下的物联网产业已经具备了前所未有的发展条件，正由全面布局和规划阶段逐步进入高速发展阶段，扮演着下一个推动世界高速发展的“核心生产力”角色。物联网也是我国工业4.0道路上不可或缺的一个发展领域，同时也是《中国制造2025》战略规划的重要组成部分。

2009年8月温家宝总理在无锡视察时指出，“要在激烈的国际竞争中，迅速建立中国的传感信息中心或‘感知中国’中心”。

从生活的很多方面都可以看到物联网的应用。全球大力发展并推崇物联网的目的只有一个：利用新兴科技建设一个“智慧地球”，改善人们的生活。

第三节　物联网的三大层次

物联网由感知层、传输层和应用层（图 1–1）这三大层次组成，每一层次紧密结合，承担不同的任务。

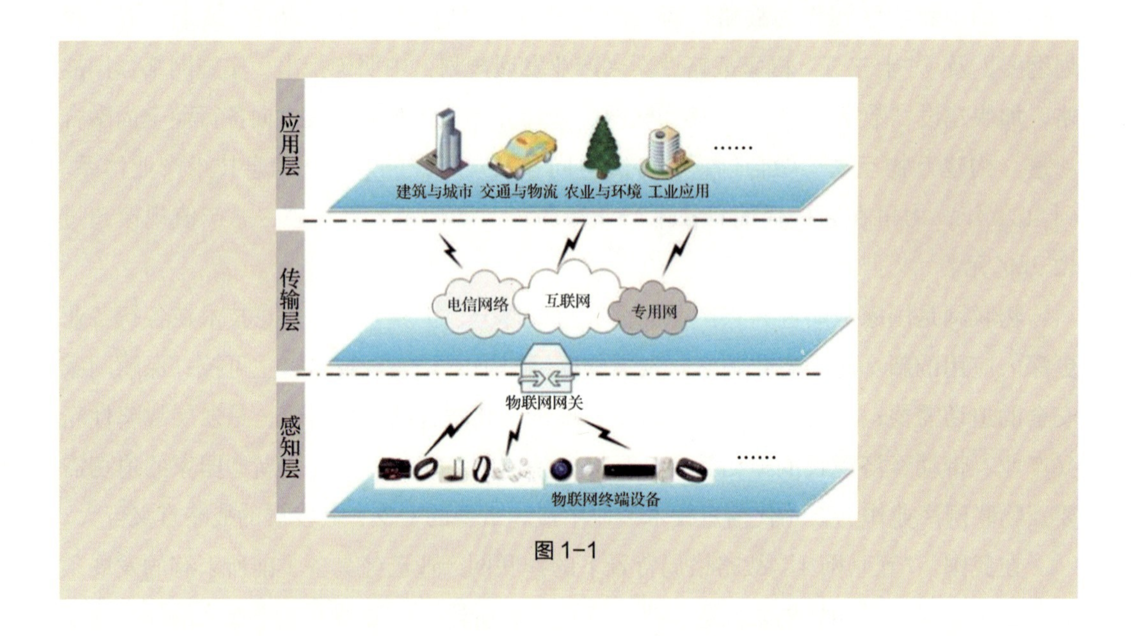

图 1–1

有时候，传输层也会被再细分成通信层和云服务层，因而也有物联网由“四大”层次组成的说法。

一、感知层

感知层的主要功能是识别物体、采集信息等。感知层是物联网的底层，但它具有实现物联网全面感知的核心能力，主要解决数据获取 (输入) 的问题。

物联网改变了数据采集的方式，在感知层，大量的传感器不间断地采集数据。感知层上有大量的各种类型的传感器（图 1–2），就像人的五种感官：视觉、听觉、味觉、嗅觉和触觉，可以获得各类事物的数据信息。实际上，传感器的种类比五种感官多得多，比如，有感知红外线的人体红外线传感器，有感知水质情况的水质总溶解性固体（TDS）传感器，等等。这些传感器设备能让任何没有生命的物体都“活过来”，让物体也可以有“感受”和“知觉”。

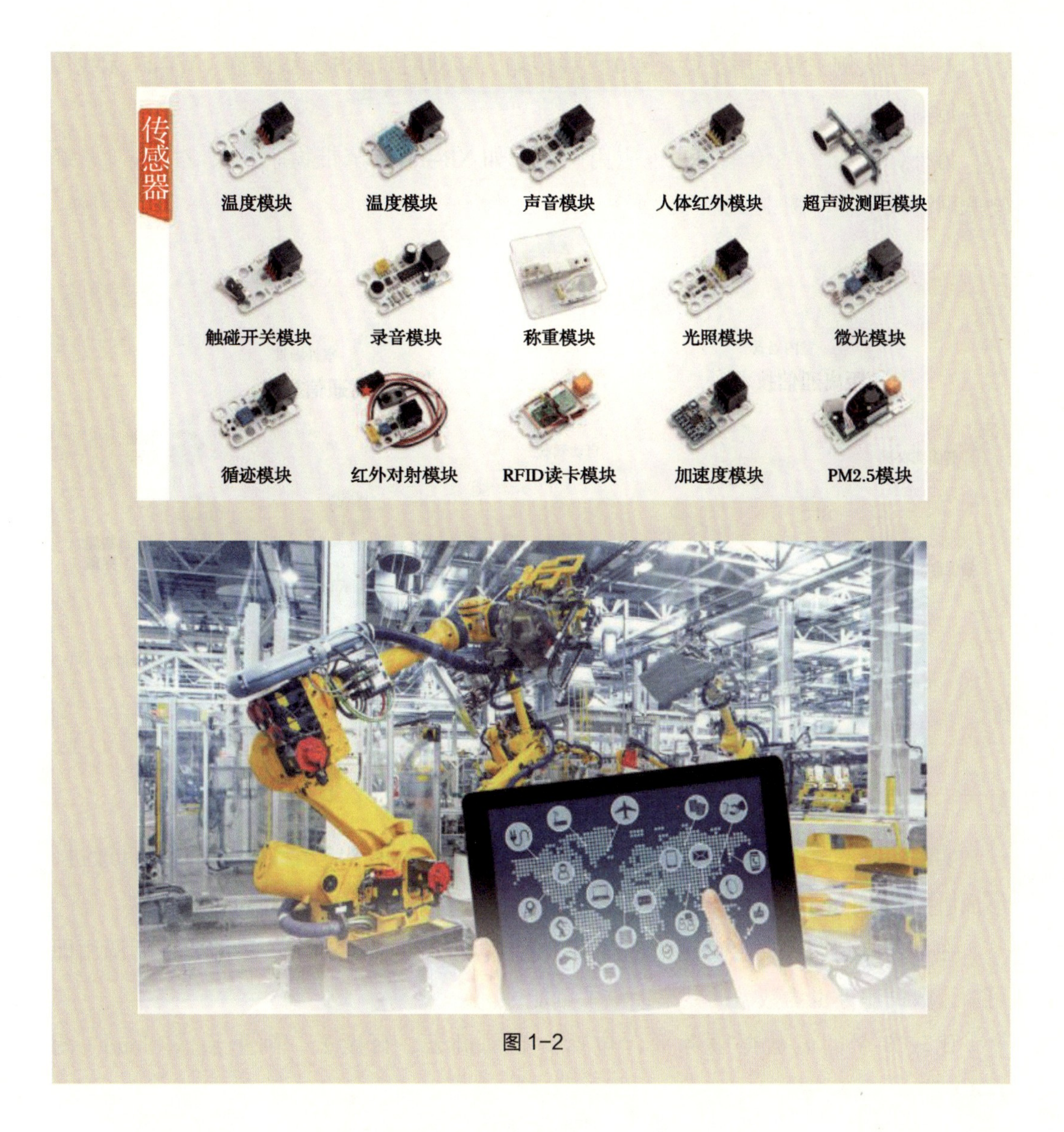

图 1-2

传感器按照一定的采样周期规律性地采集信息，不断更新数据。一般来说，越是精密和先进的传感器，采样周期越短。

二、传输层（通信层 + 云服务层）

传输层主要解决感知层所获得数据的远距离传输、存储以及计算等问题，它是物联网的中间层，相当于人的神经中枢。

区别于普通的自动化设备，物联网系统的核心之一就是“联”。要实现物与物相联、物与人相联、人与人相联，就需要依靠数据传输。所有的数据最终都需要通过广泛覆盖的互联网传输。离开了互联网，物联网就不存在了。

本书的实例主要运用了蓝牙 4.0 无线传输、移动网 GPRS 无线传输、Wi-Fi 无线传输等传输方式。

另外，还有一些传输方式也应用广泛，如 NB-IoT（窄带物联网）、Zigbee（紫蜂物联网协议）等（图 1-3）。

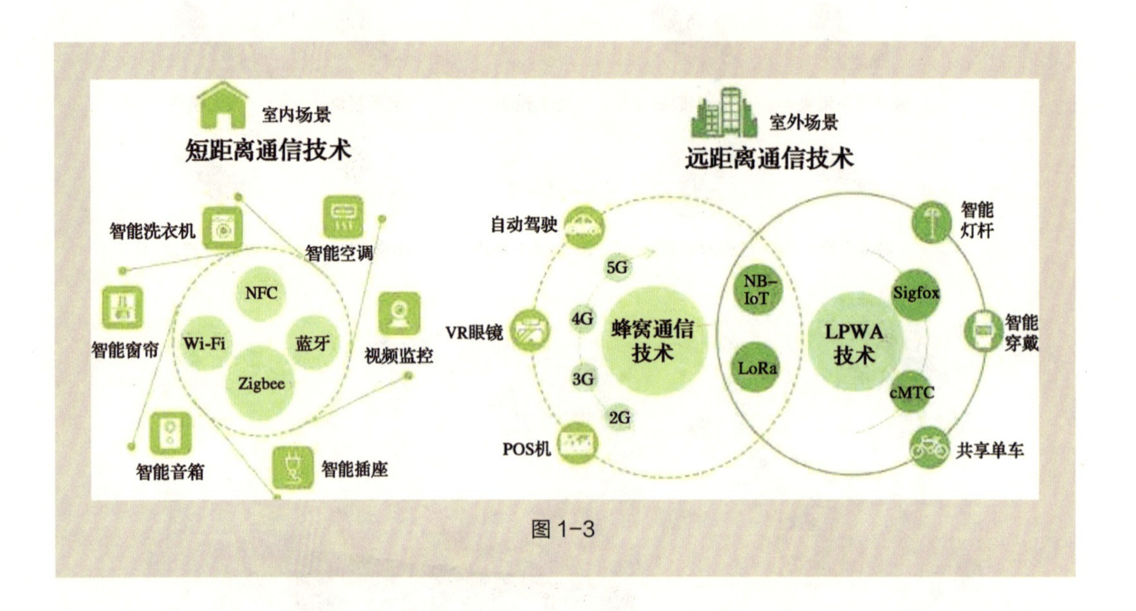

图 1-3

实现信息的交互共享和有效处理，其关键在于对物联网应用特征进行优化和改进，形成协同感知的网络。

在多台虚拟服务器上，用户不需要知道数据确切的存储位置，只需要按需调用即可。云数据服务也为数据的共享提供了可能性。

比较知名的云数据服务平台包括：亚马逊云、百度云、阿里云、iCloud（图 1-4）等。

图 1-4

针对物联网数据，全国中小学物联网云服务数据中心——中国移动 OneNET（图 1-5）被广泛应用。

图 1-5

三、应用层

应用层可提供丰富的基于物联网的应用，是物联网和用户（包括人、组织和其他系统）的接口。它与行业需求结合，实现物联网的智能应用，这也是物联网比较普遍的作用。

目前，在智能农业、工业监控、公共安全、城市管理、远程医疗、智能家居、智能交通、环境监测、智慧校园等行业均有广泛的物联网应用。

学生物联网科技创新活动鼓励学生基于生活，设计解决实际问题的作品。例如，无人超市通道、云灭火器、太湖水质监测浮标、智能输液架等近年物联网比赛优胜作品，都是来源于生活的物联网应用。

物联网技术的应用可以大大增强数据收集能力，加强行业融合和数据深度挖掘，降低综合成本，并且可以大大提高生活的便利性。

物联网是新型信息系统的代名词，它是三方面的组合：一是“物”，即由传感器、射频技术及各种执行机构实现的数据采集系统；二是“网”，即利用互联网将这些“物”和整个数字信息空间进行互联，以方便广泛的应用；三是应用，即以采集数据和互联网作为基础，深入、广泛、自动化地采集大量信息，以实现更高智慧的应用和服务。

第二章　预备活动

物联网作为虚拟世界与实体世界融合的技术手段，为人类的生产和生活带来巨大的改变。尽早培养和熏陶学生的物联网意识对于他们适应未来世界十分必要。作为物联之城、智慧之城，在无锡的中小学率先开展物联网教育具有高度的示范作用。这本教材以STEAM方式开展物联网教学与实践，符合中学生对物联网的认知规律，定会对推动我国中学生的物联网教育做出应有的贡献。

——江南大学物联网工程学院副院长　柴志雷

物联网就在身边

一、活动目标

寻找生活中物联网的应用，知道这些应用解决了生活中的什么问题。

二、活动材料与准备

海报纸（或 A3 白纸）2 张，记号笔（用于记录观察到的物联网应用及解决的具体问题），学生拍摄的照片（推荐采用数码格式）。

三、热身讨论

在这个活动中，列出你观察到的有意思的物联网应用。例如：

- 智能手环（手表）
- 智能公交站牌
- 智能考勤机
- 商场里的智能电梯
- 共享单车、共享充电宝
- 无人超市中的货架
- 阳澄湖大闸蟹的防伪芯片

说一说：这些物联网应用分别解决了哪些具体问题？

以智能公交站牌为例：

应用：使乘客能提前掌握公交车的到站状况。

解决的问题：让乘客合理安排出行时间，避免长时间等待的焦虑。

四、物联网应用示例

1. 智慧公交（图 2–1）

在今天，公共交通已经发生了很大的改变。智能公交站牌以精确的数据告诉乘客公交车离站台还有多远，以便缓解乘客等车的焦虑，也便于乘客安排具体行程。

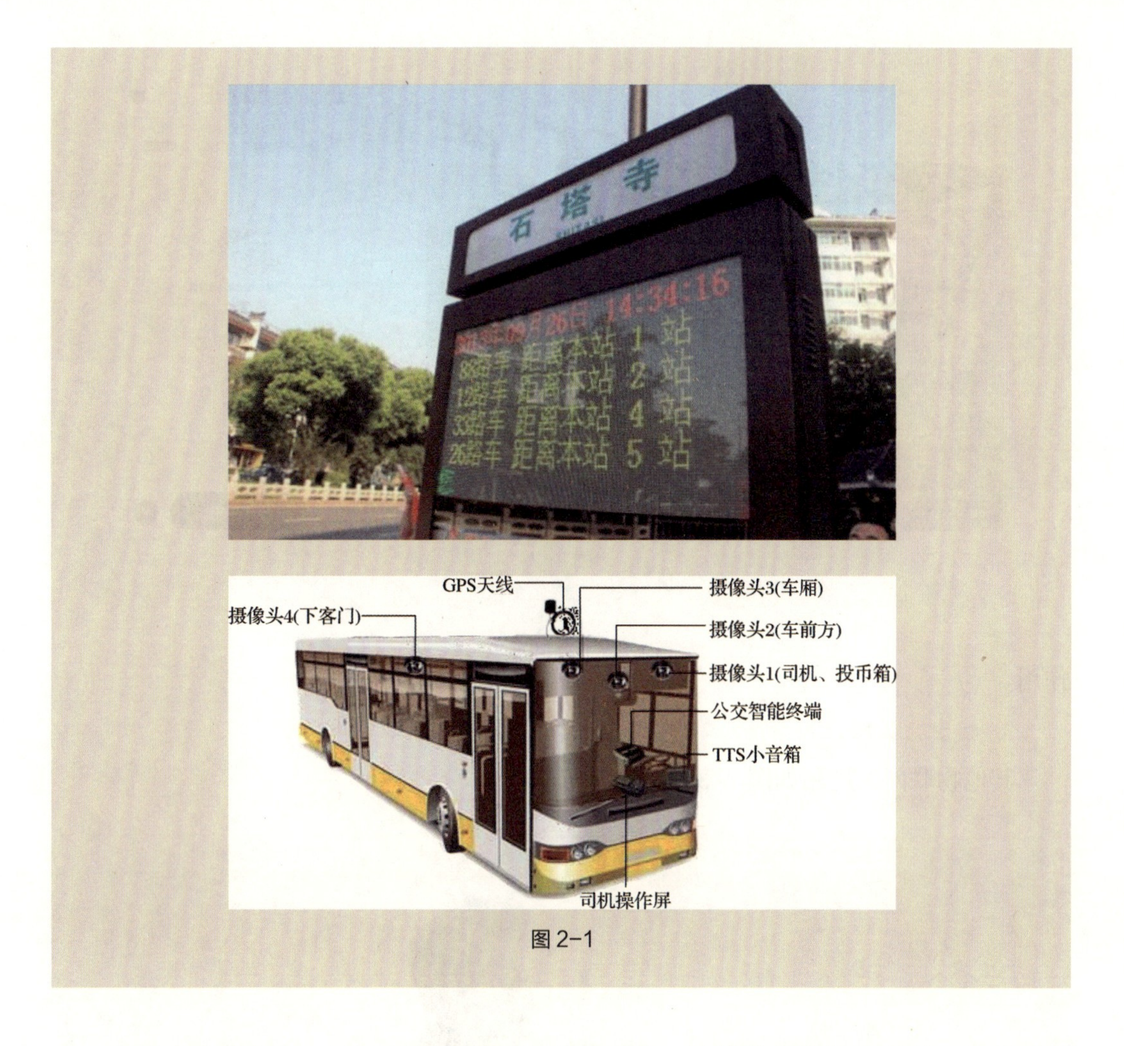

图 2-1

运行中的公交车，通过车上安装的各种传感器、无线数据传输系统等，源源不断地向管理中心发送车辆位置、车辆线路、车上情况等信息。

智慧公交使出行变得更智能化、更方便。

2. 共享单车

给普通自行车加上智能锁，就可以使其变成共享单车，方便人们借用。

对于短距离的出行，共享单车比较便利，既不需要付出很高的经济成本，也非常方便。

通过手机应用程序，可以查到身边的共享单车分布（图 2–2）。

共享单车通过智能车锁和卫星定位，每几秒钟就向云数据中心“报告”一次目前自己的位置、租用状态等。

云数据中心获得的这些数据，也被称作“大数据”，除了供人们方便使用共享单车外，还可以和电子地图等结合，提前告知使用者道路上的情况，发挥智能交通更大的

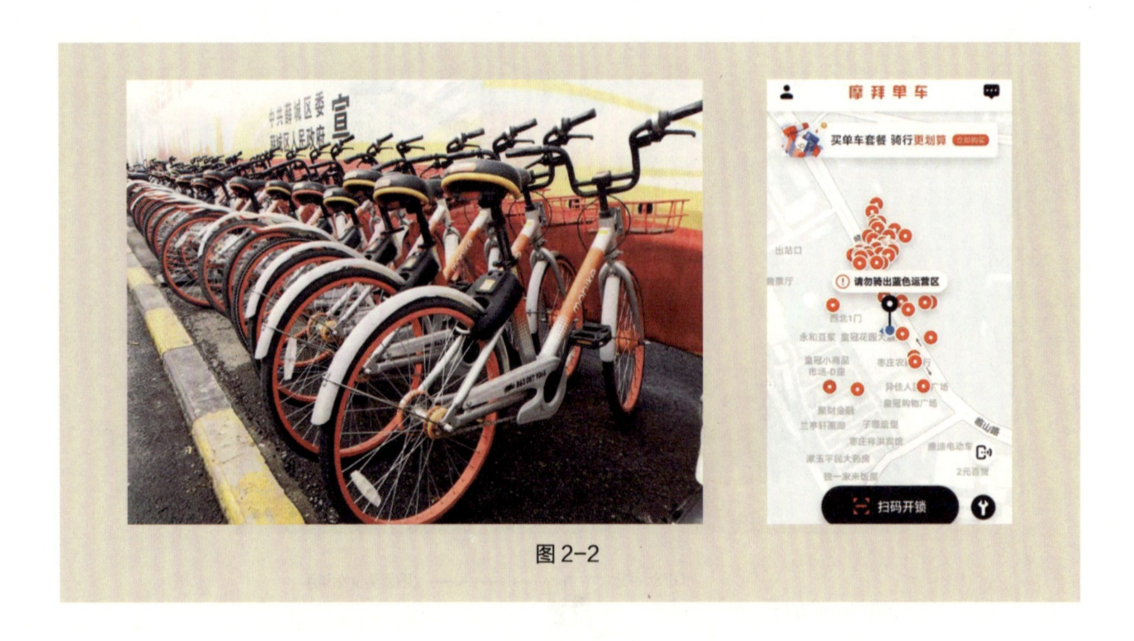

图 2-2

作用。

3. 其他物联网应用

其他物联网的应用如图 2-3、图 2-4 所示。

图 2-3

图 2-4

五、活动过程

（1）阅读技术信息章节中物联网三大层次的背景知识，理解物联网传感层。

（2）认识物联网主要材料。

（3）设计一个物联网作品，并安装上传感器，通过编程命令，试试物联网作品的功能。

● 设计并完成一个具有“感知”功能的物联网作品

活动材料与准备：

材料	数量	材料	数量
物联网主控板	1个	连接线	1根
蓝牙通信模块	1个	传感器	1个
USB 数据线	1根	电源线	1根

（4）试着和大家分享自己的物联网作品，并分析它可以解决哪些问题。

第三章　项目活动

物联网技术的应用对人们的影响越来越明显，已经渗透到智能交通、智能家居等多个领域，物联网必将促使人们生活方式和学习方式的变革。无锡市侨谊实验中学，作为新时代创新教育的领跑者，以课程开发为切入口，探索基于物联网技术的STEAM课程建设。《物联网课程活动设计》让学生充满激情和创造力，开启了物联网创新教育的新时代。书中物联网活动案例，密切联系学生生活实际，倡导问题导向的项目化学习，打破学习时空的限制，拓展学习资源，激发学生主动探究的兴趣。学生在“思中学”“做中学”“创中学”，学会解决问题，领悟创新要义，分享学习乐趣，从而提升自身的综合素养。

——无锡市教育科学研究院科学与综合实践活动教研员　季荣臻

项目一　测量隔声效果的智能仪器

一、知识介绍

1. 物理知识

（1）噪声的产生。

声音由物体振动引起，以波的形式在一定的介质（如固体、液体、气体）中进行传播。从物理学的观点来看，噪声是由各种不同频率、不同强度的声音杂乱、无规律地组合而成的。从人的主观感受来看，凡是妨碍人们正常休息、学习和工作的声音，以及对人们要听的声音产生干扰的声音都属于噪声。

（2）减弱噪声的三种途径。

① 防止噪声产生（在声源处减弱）。

② 阻断噪声传播（在传播过程中减弱）。

③ 防止噪声进入人耳（在人耳处减弱）。

说一说： 在生活中，哪些场景会有噪声污染呢？

2. 智能模块

（1）OLED 显示屏模块（图 3–1）。

OLED 显示屏模块是一款无须背景光源、自发光式的显示模块。显示尺寸（屏幕对角线长度）控制在 0.96 英寸（1 英寸＝25.4 毫米），该模块能够实现 60 Hz 的刷新频率。

工作电压：DC 3.3 V。

分辨率：128×64 dpi。

显示颜色：双色（蓝、黄）。

显示种类：英文、ASCII。

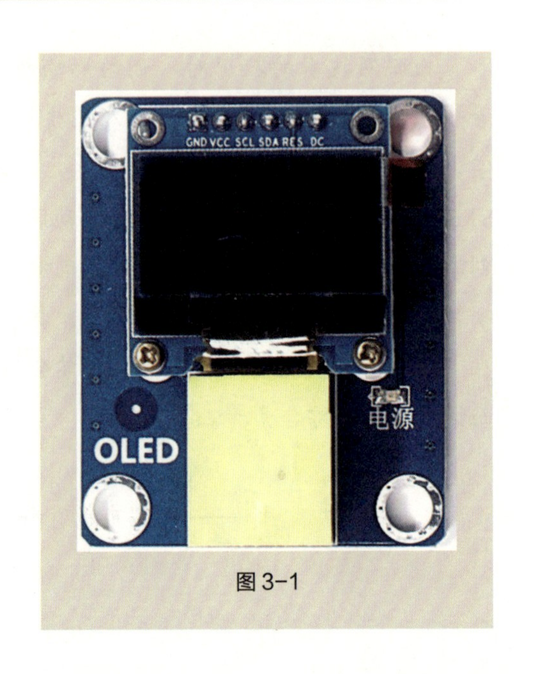

图 3–1

OLED（Organic Light-Emitting Diode），即有机发光二极管。OLED 由于同时具备自发光、视角广、反应速度快、可用于挠曲性面板（图 3–2）、使用温度范围广、构造及制程简单等特性，被认为是下一代平面显示器的新兴应用技术。其特点是轻、薄、省电。

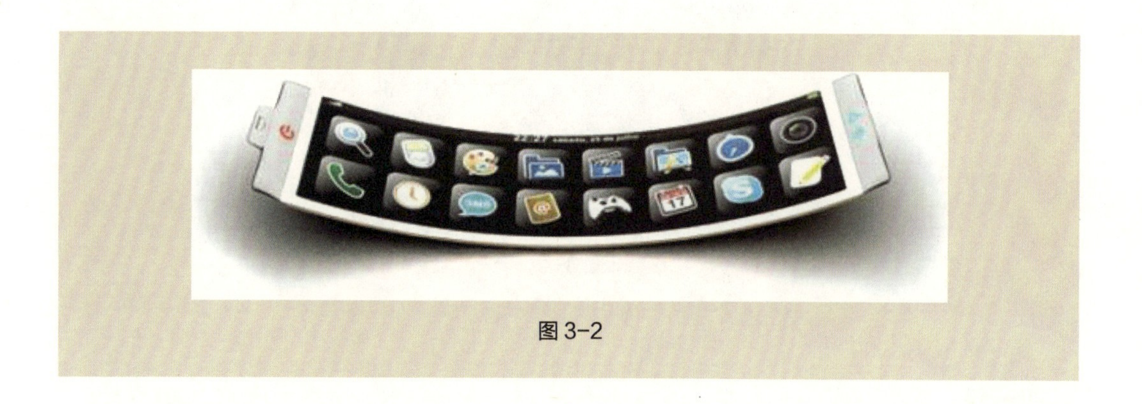

图 3–2

（2）声音模块（图 3–3）。

声音模块，也叫分贝传感器。它的作用是接收声波，显示声音的强度大小。

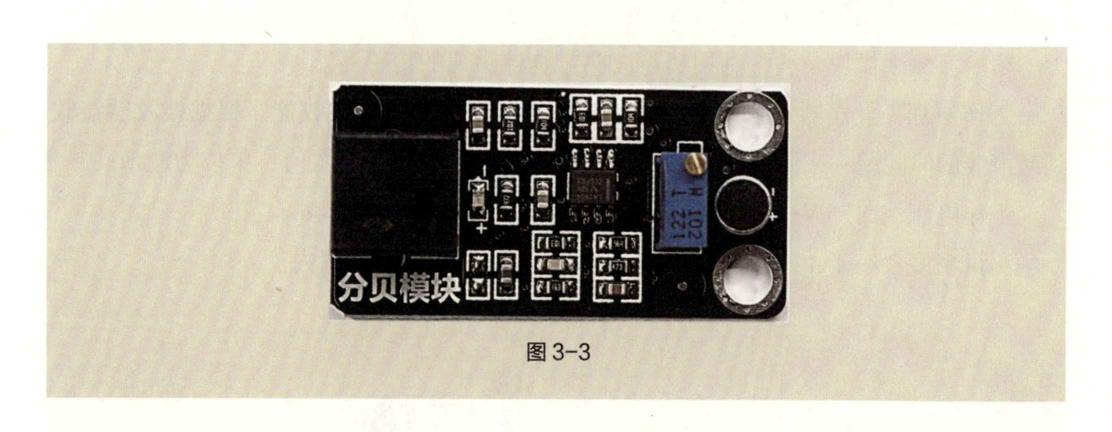

图 3–3

工作原理：该传感器内置一个对声音敏感的电容式驻极体话筒。声波使话筒内的驻极体薄膜振动，引起电容的变化，从而产生与之对应变化的微小电压。这一电压随后被转化成 0 ～ 5 V 的电压，经过 A/D 转换被采集器接收，并传送给计算机。

工作电压：DC 5 V。

测量范围：45 ～ 120 dB。

声控灯（图 3–4）

声控灯内装有声音传感器，只要有人发出一种摩擦音 1 秒，墙上的照明灯就会自动亮 10 秒左右。

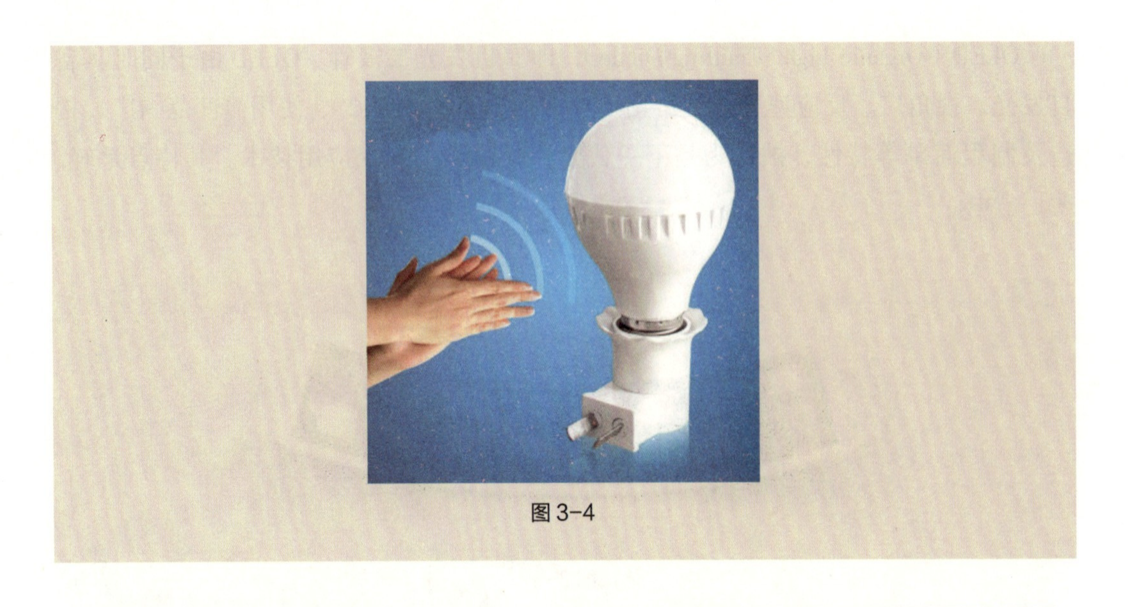
图 3-4

想一想： 声控灯有一种有趣的现象，那就是光线充足时，任你发出多大的声音它都不亮。但在黑夜，只要轻轻的声响，它就发出亮光。这是为什么呢？

（3）超声波测距模块（图 3-5）。

超声波测距模块是一种利用超声波测量物体距离的传感器。

工作原理：发送器发射出来的超声波被物体反射后传到接收器，根据接收器接收到超声波的时间差，来测量物体之间的距离。返回数值为距离数值，单位为厘米。

工作电压：DC 5 V。　　　　测量范围：3 ～ 400 cm。

测量精度：小于 1 cm。　　　　测量角度：30° 范围内。

图 3-5

扫地机器人（图 3-6）

扫地机器人完成自动打扫，其中一个重要的功能就是要实现自动避障。自动避障的实现源于在扫地机器人前方设置超声波测距传感器，可侦测障碍物。当碰到墙壁或家具等障碍物时，扫地机器人会自行转弯，有规划地清扫。

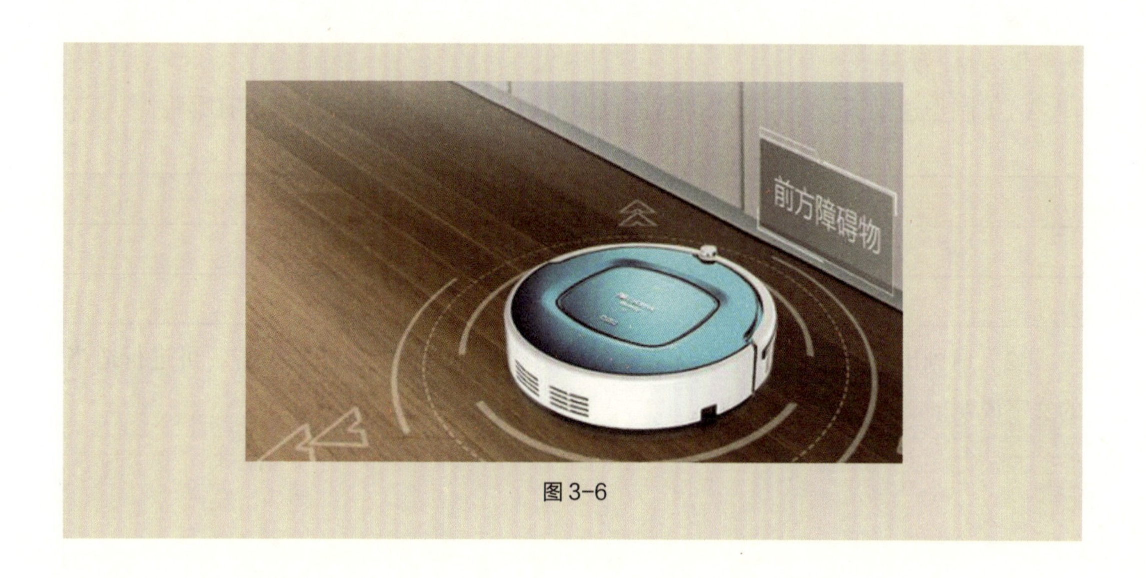

图 3-6

二、问题情景

小明的奶奶最近生病了，需要静养休息。小明的妈妈打算给奶奶的卧室换一个新的窗帘。市场上的窗帘五花八门，让人难以选择。对于哪种窗帘的隔声效果最好，连卖窗帘的商贩也很难说出个所以然来。根据市民及商家的推荐，妈妈选取了 3 款大家认为能降低噪声的窗帘：一款是厚棉质的窗帘，一款是纤维窗帘，还有一款是绒布做的窗帘。到底哪一种材质的窗帘的隔声效果最好呢？

想一想：你能否设计出一个可以测出窗帘的隔声效果的智能仪器？

三、探索实践

1. 分析问题

想想上节课学到的知识，小组讨论：这个测量隔声效果的智能仪器需要具有哪些功能？对该智能仪器的功能做一个详细的设想。

2. 设计方案

（1）制作这个测量隔声效果的智能仪器需要用到的材料和智能模块有哪些？

（2）请画出智能仪器的外形及结构图。注意：标出智能模块的位置，可进行适当的文字说明。

（3）请设计出程序的流程图。

（4）用不同材质的窗帘隔音。怎么比较不同材质窗帘的隔音效果？请设计表格做记录。

（5）当制作出测量隔声效果的智能仪器之后，你们打算如何开展实验？请把实验步骤写在这里。

3. 分工制作

分工合作制作智能仪器，把制作过程中遇到的问题及时记录下来。

4. 交流评价

展示测量隔声效果的智能仪器的创新功能，建议从作品的科学性、工艺水平、功能效果等方面来展示。找出需要改进的地方，进一步完善作品。

作品评价表		
	自我评价	他人评价
作品外观		
突出功能		
相关知识		
存在问题		
改进方法		

四、实例展示

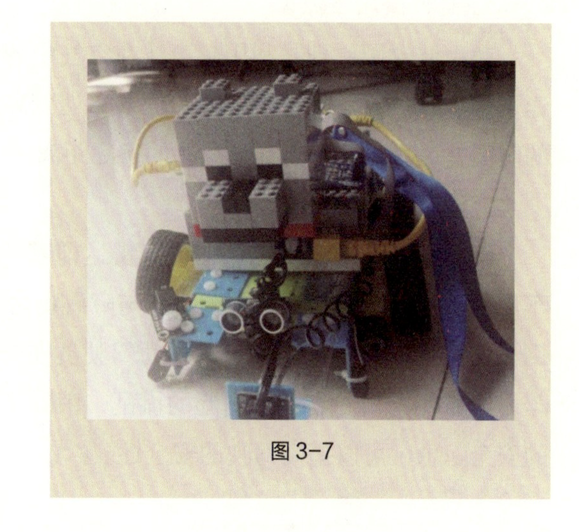
图 3-7

（1）作品名称：智能导盲犬（图 3-7）。

（2）突出功能：智能导盲犬利用超声波测距模块检测自身与其他物体之间的距离，当距离障碍物不足一定数值时，智能导盲犬能自动改变行进方向，绕过障碍物。

（3）创意概述：这款智能导盲犬可以声控，能够识别盲道、智能绕障、智能防摔等，还可以利用微信公众号和网络实现远程导航和远程视频沟通。

（4）所用工具：超声波测距模块等。

（5）改进计划：

① 在智能导盲犬身上安装一个 GPS 定位加导航系统。利用语音识别模块，盲人可以语音输入自己想去的地方，智能导盲犬可以自动导航，带盲人到想去的地方。GPS 定位系统还可以让盲人的家人和朋友随时随地知道盲人身处的位置，保证盲人的安全。

② 把朝前的超声波测距换为可以 360° 旋转的，这样就能实现各个方位绕过障碍物的目的。

③ 利用现代科技给智能导盲犬增加一个识别红绿灯的功能。在行驶过程中，智能导盲犬遇到交通信号灯时，识别到绿灯则前进，识别到红灯则停止，能让盲人安全地过马路。

④ 在栓智能导盲犬的链子上加一个报警按钮。若盲人遇到危险，盲人按下报警按钮，则智能导盲犬身上的蜂鸣器响起，自动发送信息给盲人的家人，从而告知路人和家人盲人遇到了危险。

五、科技写作

耳机在我们日常生活中的使用非常普遍，许多人喜欢戴着耳机听音乐，但是音乐声过大会使人的听力受损。现有的耳机不会提示我们播放音乐的响度，所以市面上亟须可以保护听力的智能耳机。如果要你来设计这款智能耳机，你有哪些设想呢？请记录下来。

六、信息快递

1. 超声波测距原理

超声波测距原理是利用超声波在空气中的传播速度为已知（在15℃的空气中传播速度为340 m/s），测量超声波在发射后遇到障碍物反射回来的时间，根据发射和接收的时间差计算出发射点到障碍物的实际距离。

2. 汽车倒车雷达（图3-8）

辅助汽车泊车或者倒车的倒车雷达即基于超声波测距原理进行工作。倒车时，汽车尾部的超声波传感器会探测汽车与障碍物之间的距离，当达到设定的安全警告值时，倒车雷达立即发出报警声，并辅助驾驶员安全倒车。倒车雷达避免了驾驶员泊车、倒车时因需要前后左右探视引起的慌乱，消除了因驾驶员的视野死角和视线模糊而带来的安全隐患，可以提高驾驶的安全性。

图3-8

议一议： 汽车上的倒车雷达装置如果安装在太空飞船上，在外太空尾部的探头功能会失效。这是为什么呢？

项目二　灵活的幻灯机模型

一、知识介绍

1. 物理知识

（1）凸透镜成像规律（表 3–1）。

凸透镜是利用光的折射原理而成像的。

物体放在焦点之外，在凸透镜另一侧成倒立的实像，实像有缩小、等大、放大三种。物距越小，像距越大，实像越大。

物体放在焦点之内，在凸透镜同一侧成正立放大的虚像。物距越大，像距越大，虚像越大。

表 3–1

物距（u）	像距（v）	正立或倒立	大小	虚实
$u>2f$	$f<v<2f$	倒立	缩小	实像
$u=2f$	$v=2f$	倒立	等大	实像
$f<u<2f$	$v>2f$	倒立	放大	实像
$u=f$				不成像
$u<f$	$v>u$	正立	放大	虚像

注：f 为焦距。

（2）幻灯机。

幻灯机是能将图片等放大，并将其投影于银幕上的一种光学仪器。幻灯机主要由光源、聚光镜、放映镜头等部分组成。放映图片时，光源发出的光线经聚光镜而会聚，并均匀照明图片，经放映镜头于银幕上形成放大倒立的实像，如图 3–9 所示。

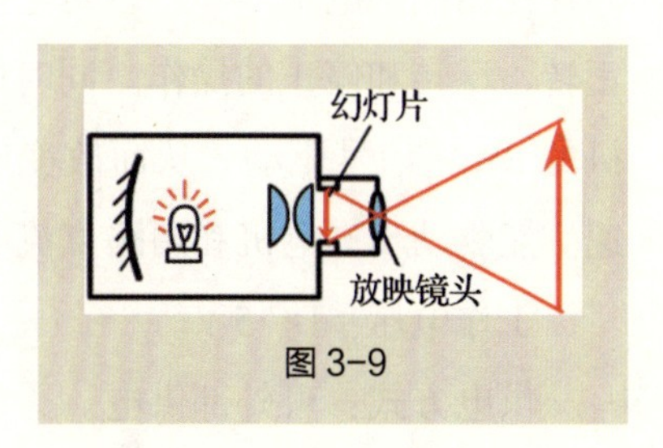

图 3–9

说一说：幻灯机的成像利用的是凸透镜成像的哪一条规律？

2. 智能模块

（1）语音识别模块（图 3-10）。

语音识别模块识别出人发出的语音命令，并进行相应的操作。

工作原理：接收到声音传感器（麦克风）传来的电压信号以后，通过语音芯片里的寄存器操作，输出一个相似度最高的信号，将信号传送给单片机，再由单片机处理之后发送信号至外部电路，控制执行器的运动变化，如电机转动、LED 灯点亮等。例如，对着模块上的板载麦克风说“流水灯”，模块成功识别后，将在串口打印相应的数据，且开发板上的 LED 以流水灯的方式运行。

图 3-10

（2）电机驱动模块（图 3-11）。

电机驱动模块是控制电机的转速和方向的装置。

工作原理：主要采用桥式驱动电路 L298N，通过单片机的 I/O 输入改变芯片控制端的电平，即可以对电机进行正转、反转和停止的操作。同时由单片机的 PWM 信号驱动，从而改变电机转速。能驱动步进电机和两路直流电机。

工作电压：DC 5 V。

供电方式：可外部供电。

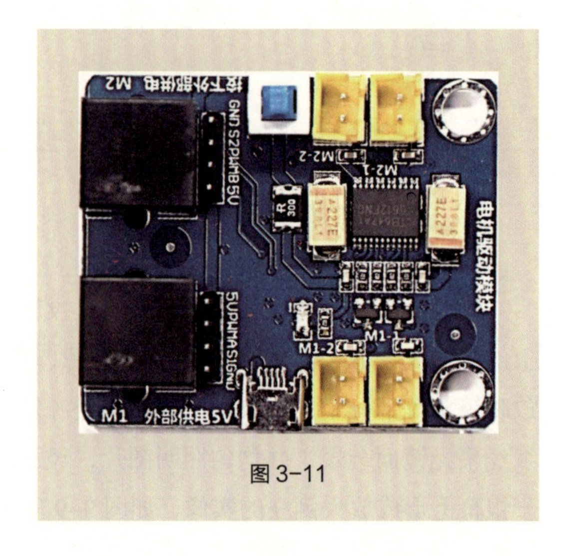

图 3-11

（3）金属减速电机模块（图 3–12）。

金属减速电机模块是减速机和电动机的集成体。

该模块带有长为 9.27 mm 的 D 形金属输出轴，能够兼容市面上 42 mm × 19 mm 和 32 mm × 7 mm 两种规格的小车轮。电机减速箱采用黄铜支架，顶部带有 2 个 M1.6 的安装孔。支架不仅能够固定电机，而且能够固定底盘编码器。

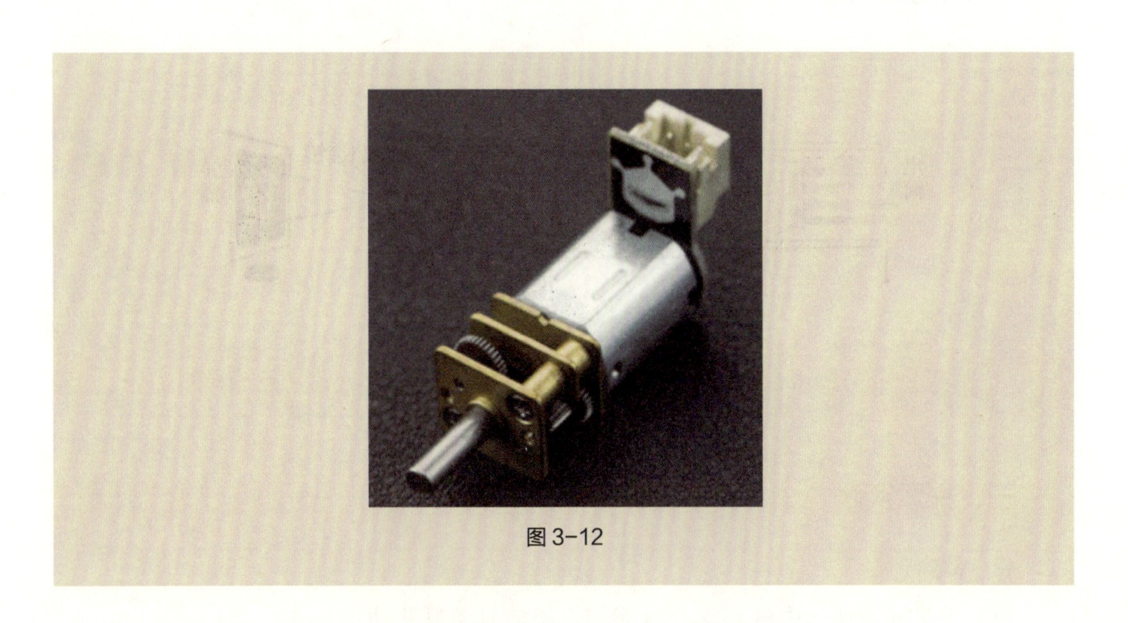

图 3–12

无人机（图 3–13）

无人机是通过无线电遥控设备或机载计算机程控系统进行操控的不载人飞行器。目前，无人机活跃在各个领域，如影视航拍、农林植保、电力巡检等。

图 3–13

二、问题情景

在学习了凸透镜成像的规律之后，老师给同学们展示了一个简易的幻灯机模型（图 3-14）。但是小明发现，为了得到清晰的像，老师要来回调整幻灯机的位置，比较麻烦。小明想：要是幻灯机可以根据人的口令自动调整就好了。请思考：如何设计一个这样的智能幻灯机？

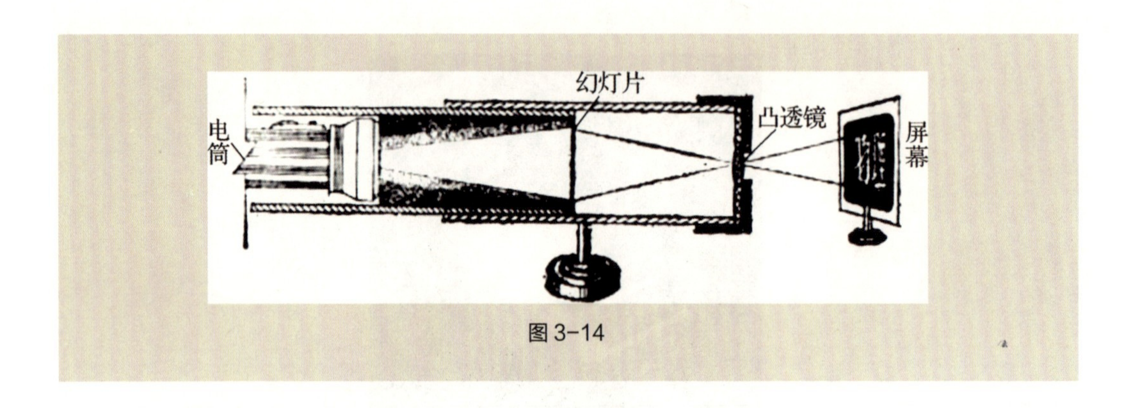

图 3-14

三、探索实践

1. 分析问题

为了满足问题情景中的要求，智能幻灯机应具备哪些功能？

2. 设计方案

（1）根据幻灯机的结构以及它的功能，思考：制作这个智能幻灯机需要用到的材料和智能模块有哪些？

（2）请画出智能幻灯机的外形及结构图。注意：标出智能模块的位置，可进行适当的文字说明。

（3）请设计出程序的流程图。

3. 分工制作

分工合作制作智能幻灯机，把制作过程中遇到的困难及解决方法记录下来。

4. 交流评价

展示智能幻灯机模型的创新功能，建议从作品的科学性、工艺水平、功能效果等方面来展示。找出需要改进的地方，进一步完善作品。

作品评价表		
	自我评价	他人评价
作品外观		
突出功能		
相关知识		
存在问题		
改进方法		

四、实例展示

（1）作品名称：智能垃圾桶（图 3-15）。

（2）突出功能：垃圾桶识别到主人发出的相应语音命令后，即可自动“跑”到主人身边或者打开盖子。

（3）创意概述：垃圾桶盖可自动旋转翻开，可防止家里的宠物乱翻垃圾桶，避免不必要的清理工作。为防止食物残渣在垃圾桶内存放时间过久产生异味，垃圾桶内设有一个空气净化器，可以过滤掉一些异味。

（4）所用工具：马达驱动模块、语音识别模块、超声波测距模块、OLED 模块等。

图 3-15

（5）改进计划：

① 再增加一个提醒倒垃圾的条件，增加一个红外对射模块，当垃圾高于垃圾桶高度时，提醒主人倾倒垃圾。

② 语音识别模块的安装位置高一些，比如，安装在盖子上，便于接收语音指令。

③ 在垃圾桶的边缘增加一个可以束口的装置，当主人发出“扔垃圾”的指令时，垃圾桶可以将垃圾打包。

五、科技写作

阅读绘本可以开发孩子的想象力。如果把各种绘本投影出来，配上适当的语音讲解，然后再由孩子去转动一个小装置来实现内容翻页，将会大大提高孩子的阅读兴趣。请你设计一款有声绘本幻灯机，把你的设想记录下来。

六、信息快递

语音识别

语音识别技术就是让机器通过识别和理解过程，把语音信号转变为相应的文本或命令的技术。语音识别的目的就是让机器“听懂”人类口述的语言。目前语音识别在智能车载（图 3–16）、智能家居（图 3–17）、智能客服机器人、语言翻译等方面有广泛的应用。

图 3–16

图 3–17

项目三　会报警的智能医用冷藏盒

一、知识介绍

1. 物理知识

热传递就是没有做宏观机械功而使内能从一个物体转移到另一个物体，或者从物体的一部分转移到另一部分的过程。它通过热传导、热对流和热辐射三种方式来实现。

（1）热传导：物体内部各部分之间或相互接触的物体之间的热的交换。它是依靠物体中微观粒子的热运动来传递能量的。

（2）热对流：由于冷热流体的相对运动而进行热量转移的方式。热对流只可能在液体与气体中或气体与气体中发生，在热对流的同时，对流各部分之间存在着导热。

（3）热辐射：由电磁波来传递热量的方式。

2. 智能模块

（1）温度模块（图 3–18）。

温度模块可以用来对环境的温度进行检测，并且转换成可以识别的信号，即随时波动的输出电压。0℃时输出为 0 V。输出电压与温度成正比。

工作电压：DC 5 V。

测量范围：–55℃～ 125℃。

测量精度：±0.5℃。

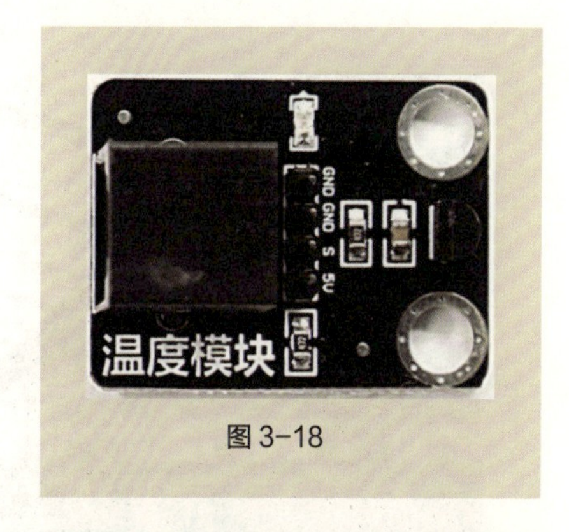

图 3–18

（2）湿度模块（图 3–19）。

湿度模块能够探测空气的干湿程度。空气湿度是指空气中含水汽的程度。一般讲的湿度是指相对湿度（RH）。

工作电压：DC 5 V。

测量范围：20%RH ～ 90%RH。

测量精度：±5%RH。

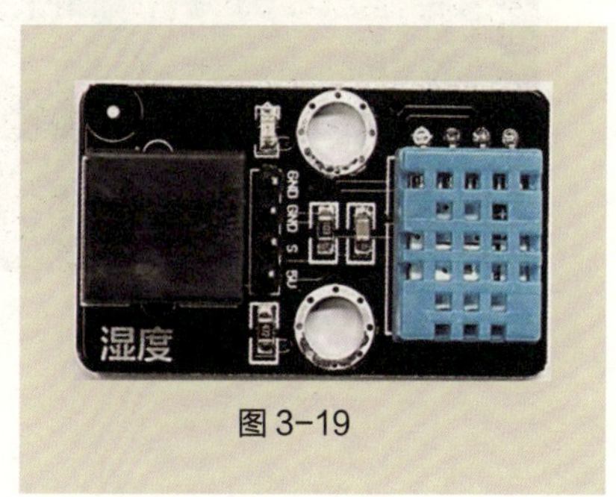

图 3–19

（3）语音播报模块（图 3-20）。

语音播报模块用于将文字转换成语音播出，分为两部分：语音转换模块和扬声器。可由电路板上的按键和控制器程序直接控制。

工作电压：DC 5 V。

记录时间范围：0 ～ 10 s。

引脚定义：①PL：播放（长按）；②RE：录音（长按直至指示灯熄灭）。

图 3-20

物联网温室大棚（图 3-21）

物联网温室大棚通过无线数据采集，远程获取环境信息，实现智能控制。从业人员可以根据温度传感器、湿度传感器等所采集到的数据，获取大棚内温度、湿度等多类信息，从而实现精细管理。例如，调控遮阳网开闭的时间、加温系统启动时间等。

图 3-21

二、问题情景

为了救治病人，急需将一种药品送到偏远的山村，而这种药品必须在0℃以下存放。山高路远，气温较高，如何设计一个智能医用冷藏盒，让它在内部温度即将高于药品存放的温度要求时自动发出警报声呢？

三、探索实践

1. 分析问题

为了满足问题情景中的要求，这个智能医用冷藏盒应具备哪些功能？

____

____

____

____

2. 设计方案

（1）为了阻止周围热量传递到药品上，智能医用冷藏盒需要用哪些保温材料和低温材料制作？为了实现自动报警的功能，用到的智能模块有哪些？

____

____

____

____

（2）请画出智能医用冷藏盒的外形及结构图。注意：标出智能模块的位置，可进行适当的文字说明。

（3）请设计出程序的流程图。

（4）保温材料要如何选择？请自行设计表格，记录不同材料的保温性能。

（5）你认为在制作的过程中有哪些需要注意的地方？

3. 分工制作

分工合作制作智能医用冷藏盒。把制作过程中遇到的困难及解决方法记录下来。

4. 交流评价

展示智能医用冷藏盒的创新功能，建议从作品的科学性、工艺水平、功能效果等方面来展示。找出需要改进的地方，进一步完善作品。

作品评价表		
	自我评价	他人评价
作品外观		
突出功能		
相关知识		
存在问题		
改进方法		

四、实例展示

（1）作品名称：智能粮仓（图 3-22）。

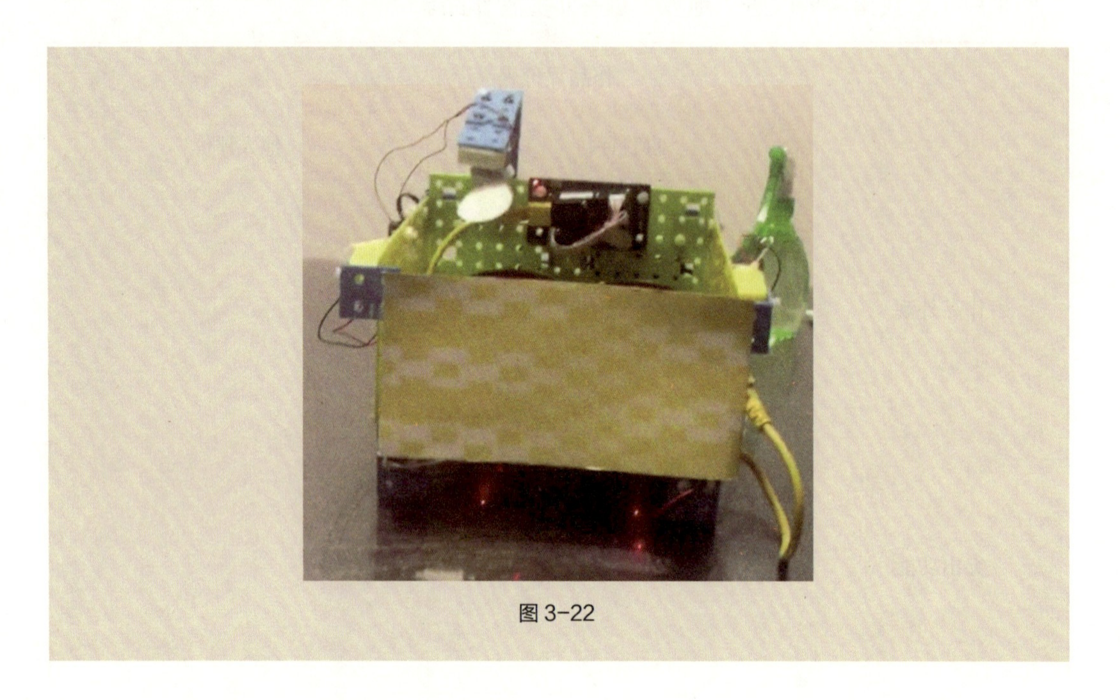

图 3-22

（2）突出功能：智能粮仓安装了温度模块、湿度模块，可以检测粮食的温度和湿度；还安装了语音播报模块，当温度和湿度失常时，它会自动播报来提醒管理员，防止粮食变质。

（3）创意概述：当粮仓内温度或湿度失常时，智能粮仓会自动调节；当小偷、老鼠窃取粮食时，智能粮仓会发出警报声。它还可以随时将粮食的信息传送到管理员的手机或电脑上，管理员能够及时发现问题并采取措施。智能粮仓可以减少人力资源的耗费，更好地保护粮食，实现大规模储存粮食。

（4）所用工具：温度模块、湿度模块、语音播报模块等。

（5）改进计划：

① 安装一个灭火器，当检测到发生火灾时可以自动灭火，防止因管理员无法及时赶到而不能阻止火势蔓延。

② 安装脸部识别或瞳孔识别系统，防止管理员的门禁卡被不法分子盗取后进入仓库。

③ 风扇调节湿度的效果并不明显，可以改用烘干机调节。

五、科技写作

为了让学生亲近植物、了解农作物，学校要新建一个智慧温室，在这里可以智能控制和监督植物、花卉的生长状况，以保证其处于合适的生长环境。如果由你来设计，你将运用哪些技术？请把你的创意记录下来。

六、信息快递

温湿度传感器的应用场景

温湿度传感器可以采集环境中的温度值和相对湿度值，为人们的分析和管理提供数据支持，在不同的领域都发挥着重要的作用。

（1）在地铁站中的应用。

在地铁站的站厅、站台区等公共区域设置温湿度传感器，实时监测地铁站的温度和湿度。这些参数可帮助运营人员及时调节温度和湿度，以保证地铁站的舒适度。

（2）在空气净化器中的应用。

在空气净化器中，温湿度传感器的作用是检测室内的湿度，净化器根据该数据控制加湿装置，保证室内环境在一定的湿度范围内，以保持让人觉得舒适的湿度。

（3）在智能农业大棚中的应用。

在智能农业大棚中，当土壤湿度传感器监测到土壤干燥，或者大棚内的温度传感器监测到大棚内的温度超过设定值时，系统会发出预警，技术人员可通过电脑或手机远程控制喷淋设施进行灌溉或把大棚内的风机打开。

（4）在中心机房中的应用。

利用温湿度传感器对中心机房的温度进行监测，当温度过高时，采取机房降温措施，确保机房一直处于合适的温度，以保证设备的正常运作。

项目四　简易的电梯模型

一、知识介绍

1. 物理知识

（1）力的作用是相互的。

生活中我们时常能看到相互作用的力，如船桨向后划水，船向前运动（图 3-23）。船桨向后划水时，给水一个向后的力，由于物体间力的作用是相互的，同时水也给船桨一个向前的力。相互作用的两个物体之间的作用力和反作用力总是大小相等，方向相反，作用在同一条直线上。

图 3-23

（2）重力。

人跳起来后会落到地面。向上扔皮球，皮球最后会落到地面。这些都是因为物体受到地球的吸引。物体受到地球吸引的力叫重力，重力的施力物体是地心，重力的方向总是竖直向下的。

说一说：日常生活中，除了重力外，还有哪些常见的力？请举例说明。

2. 智能模块

（1）触控开关模块（图 3-24）。

触摸开关模块基于电容感应制作，可以代替传统按键开关。该模块不仅在触摸区域可以感应，如果在其上面放置一定厚度的塑料或者玻璃等材料，同样可以感应。

供电电压：DC 3.3 ～ 5 V。　　模块重量：3.8 g。

工作温度：-20℃～ 70℃。　　安装孔径：3 mm。

模块尺寸：28 mm × 21 mm × 7.3 mm。　　孔间距：15 mm。

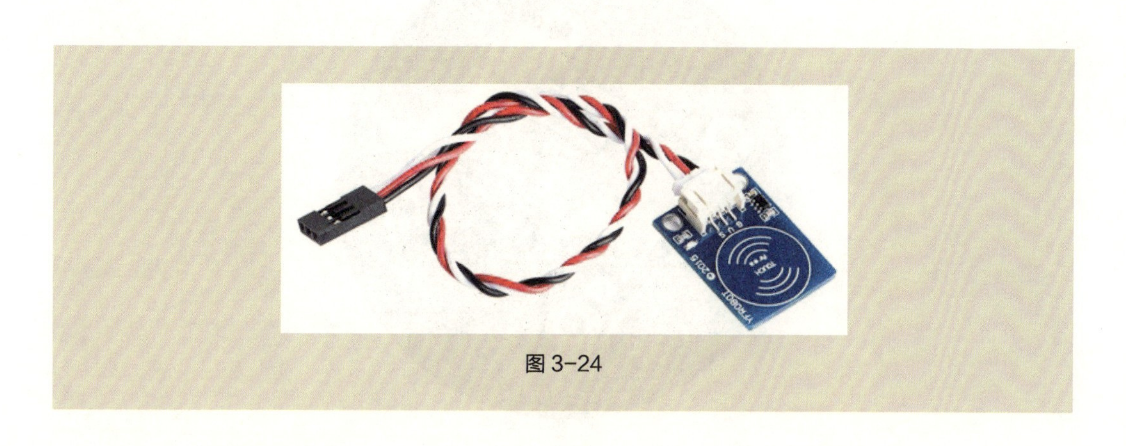

图 3-24

触控式台灯（图 3-25）

触控式台灯的工作过程是内部芯片与台灯触摸处的电极片形成一控制回路，当人体碰触到感应电极片时，触摸信号由脉动直流电产生一脉冲信号传送至触摸感应端，接着触摸感应端会发出一触发脉冲信号，就可控制开灯。

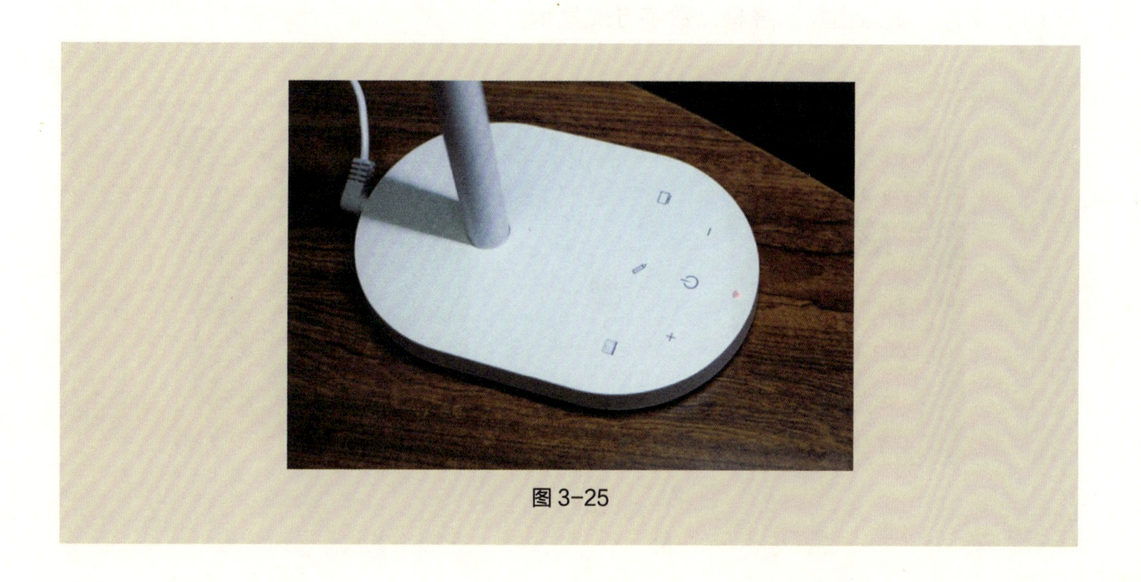

图 3-25

和现场进度情况，抓住主要问题，重点跟进滞后工点，必要时约谈或提请上级单位约谈相关参建单位法人。

各项目管理处（中心）在实际工程建设过程中，结合自身项目特点，综合比较不同进度计划编制方法的利弊，选择相适的计划编制方法。例如，粤北山区雨水较多，4至9月份为传统雨季，晴天较少，对高速主体施工尤其是土方的施工极为不利，而龙怀项目龙连段各施工单位进场时正值雨季，为了给控制性工程争取宝贵的施工时间，使全线各施工单位能够尽早进入主体施工阶段，尽可能利用旱季推进主体工程进展，龙连管理处采取了分阶段设计、招标、进场的前期筹备方案，其中设计方面要求设计院整合资源，分先行工程、控制性工程和其他工程三个阶段分批提交设计图纸，同时管理处根据三阶段设计施工图纸的提交时间，部署了三阶段招标方案，分批次招标，集中精力完成控制性工程的招标工作，最终使控制性工程标段相对一般性标段能够至少提前两个月进场施工。

除主体工程外，各项目结合实际情况，对交安、房建、绿化、机电等附属工程也进行了一定的建设时序优化调整。如：仁博项目仁新段采取多项措施，通过实行房建工程与主体土建捆绑招标，保证管理中心、收费站、服务区、停车区同步建成投入使用；在交工验收前，组织营运养护专业人员开展质量专项检查，从营运视角查缺补漏，尽早发现及解决问题；在机电工程施工管理工作中，云湛项目阳化段、仁博项目新博段在常规管理基础上，优化机电工程建设时序，配置机电实验室，提前搭建模拟车道及外设场景，对车道外设设备及外场监控设备在实验室提前进行系统的集成化运行。通过实验调试发现系统联调时存在的软硬件兼容问题，及时组织设备厂家及软件系统开发公司技术人员解决问题，提高完工后联调的成功率；同时在实验室提前对机电设备进行调试，并配置好设备参数，确保安装到现场的机电设备质量，压缩调试时间。通过在实验室对核心设备的测试及参数配置，为机电工程施工提供相应的指导意见，可以减少机电施工过程中容易出现的失误或错误，减少安装设备后再调试的各设备厂家间的沟通工作，给工程施工节省了宝贵的时间。

三、管理流程再造

在推进"南粤品质工程"创建活动中，各项目围绕项目建设实际，在推进常规项目建设管理工作中，积极探索开展以目标结果为导向的多样化管理手段，不断创新再造管理流程。

仁博项目仁新段坚持每月由管理处主任带队对所有标段开展质量安全月度综合大检查，检查组分外业组和内业组，外业组对现场实体质量进行检查和检测，内业组对施工内业资料的完整性、真实性以及档案管理情况进行检查，现场对检查工作进行总结，对于不符合要求的标段和检查检测项目及时通报，要求各参建单位按照"三定"原则（定责任人、定措

重量检测模块能够感知自身所受重量的变化，表现为微弱的电流变化，此时转接模块会解读电压变化，输出模拟或者数字信号。

测量范围：1 kg。 工作电压：5 ～ 15 V。

输出敏感度：1.0 ± 0.15 mV/V。

图 3-28

三、探索实践

1. 分析问题

电梯模型应具备哪些功能？应该如何实现这些功能？

2. 设计方案

（1）实现我们所需要的功能需要用到的材料和智能模块有哪些？

（2）请画出电梯模型的外形及结构图。注意：标出智能模块的位置，可进行适当的文字说明。

（3）对物品在电梯模型中的受力变化做一个实验，写下你设想的实验步骤，并说明原因。

3. 分工制作

小组成员分工合作，记录结果，并分析结果。

4. 交流评价

跟大家交流你们电梯模型的特点，建议从作品的外形、功能、原理等方面来展示。找出需要改进的地方，进一步完善作品。

作品评价表		
	自我评价	他人评价
作品外观		
突出功能		
相关知识		
存在问题		
改进方法		

四、实例展示

（1）作品名称：智能旅行箱（图 3–29）。

（2）突出功能：智能旅行箱在侧立竖起时，可以自动称量重量，并把包含箱体重量的数字显示在屏幕上，让人对旅行箱的重量一目了然。

（3）创意概述：这款智能旅行箱能帮助人们解决出行携带旅行箱不便的问题。相较于传统的旅行箱，智能旅行箱不仅能自动显示当前箱体的重量，还能自动跟随主人移动，有效减轻主人的负担。

（4）所用工具：称重模块、温度传感器、湿度传感器、冷却模块、显示屏、LED 显示灯。

（5）改进计划：

① 可以对旅行箱加上指纹锁，使箱子更加安全、快捷。

② 加上重心自适应控制系统，即使有突如其来的外力冲击，也能自动保持平衡的行进状态。

③ 搭配蜂鸣警示和震动提醒，可避免超速、信号中断、箱子被意外拎起等状况，从而更有效地保护财产安全。

④ 对上下坡性能做出优化，使其可以更好地适应车站、航站楼等各种复杂路面场景。

⑤ 内置更加精确的无线定位芯片，增强其续航能力。

图 3–29

五、科技写作

在主打健康生活方式的各种智能设备中，智能秤是一类受众广泛的产品。为此，我们需要一款能测量人体体重、体脂、水分、肌肉、骨量的智能秤，并且能够得到合理的膳食、运动建议。如果由你来设计一款智能秤，你对智能秤的功能有哪些设想？为了实现这些功能需要用到哪些智能模块？把你的创意设想记录下来。

六、信息快递

重力勘探

重力勘探是地球的物理勘探方法之一，是利用组成地壳的各种岩体、矿体间的密度差异所引起的地表重力加速度值的变化而进行地质勘探的一种方法。它是以牛顿万有引力定律为基础的。只要勘探地质体与其周围岩体有一定的密度差异，就可以用精密的重力测量仪器找出重力异常。然后，结合工作地区的地质，对重力异常进行定性解释和定量解释，便可以推断覆盖层以下密度不同的矿体与岩层埋藏情况，进而找出埋藏矿体存在的位置和了解地质构造情况。

重力法可应用于油气矿、煤炭矿、金属矿、非金属矿、地下水勘查，以及区域地质调查、海洋勘探、地球深部构造和环境调查等领域。须采用灵敏度高、精度高、适合复杂工作环境的专门仪器进行数据采集。

项目五 炫酷的智能小车

一、知识介绍

1. 物理知识

（1）杠杆。

杠杆是可以绕着支点旋转的硬棒。杠杆分为费力杠杆、省力杠杆和等臂杠杆。要使杠杆平衡，杠杆上的力与力臂的乘积大小必须相等，即：动力 × 动力臂 = 阻力 × 阻力臂。

（2）电能的转换。

电能可以转化为各种各样的能量。比如，电灯可将电能转换为光能，铅蓄电池充电时可将电能转换为化学能，由舵机驱动的智能小车可将电能转换为动能。

说一说： 电能还能转化为哪些形式的能量？请举例说明。

2. 智能模块

（1）舵机模块（图 3-30）。

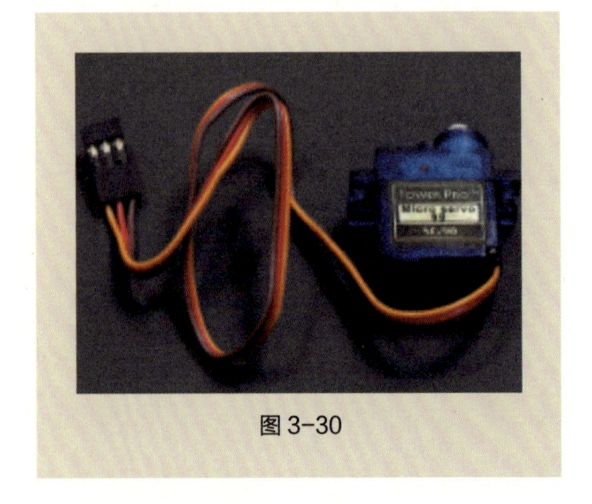

图 3-30

舵机采用高强度 ABS 透明外壳配以内部高精度尼龙齿轮组，加上精准的控制电路、高档轻量化空心杯电机，使该微型舵机的质量只有 9 g，而输出力矩达到了惊人的 1.6 kg/cm。

工作电压：4.8 V。

转矩：1.6 kg/cm（4.8 V）。

速度：0.14 s/60°（4.8 V）。

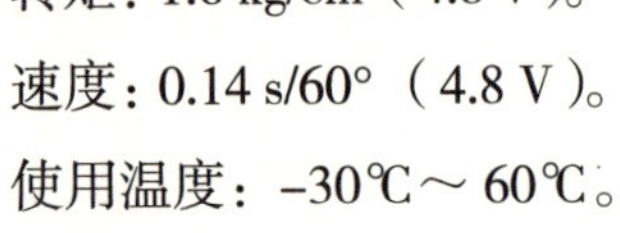

使用温度：-30℃～60℃。

机械臂

机械臂是具有模仿人类手臂功能并可完成各种作业的自动控制设备。这种机器人系统由多关节联结，可以在平面或三维空间进行运动或线性位移。根据作业需求设定

其一定的指定动作。机器人的运作由电动机驱动一只手臂，完成张开或关闭一个夹子的动作，并精确地回馈至可编程逻辑控制器。

（2）红外数字避障传感器（图 3-31）。

红外数字避障传感器是一种集发射与接收于一体的光电开关传感器。数字信号的输出伴随传感器后侧指示灯的亮灭，检测距离可以根据要求进行调节。可以广泛应用于机器人避障、互动媒体、工业自动化流水线等众多场合。

图 3-31

工作电压：5 V。

电流：<100 mA。

探测距离：3 ～ 80 cm。

探头直径：18 mm。

无人机避障

红外线在无人机避障上的应用，依据的原理是“三角测量原理”。红外感应器包含红外发射器与电荷耦合元件（CCD）检测器。红外线发射器会发射红外线，红外线在物体上会发生反射，反射的光线被 CCD 检测器接收之后，由于物体的距离不同，反射角度也会不同，不同的反射角度会产生不同的偏移值。计算这些数据，就能得出物体的距离了。

二、问题情景

自然灾害发生时，即时勘测灾害地的状况十分重要。为了能在十分恶劣的环境下即时安全地完成勘测任务，我们需要一款智能小车代替我们去完成勘测任务。你能设计一辆智能小车，来帮助我们完成勘测任务吗？

三、探索实践

1. 分析问题

智能小车需要具有哪些功能？应该如何实现这些功能？

____

____

____

____

2. 设计方案

（1）实现我们所需要的功能需要用到的材料和智能模块有哪些？

（2）请画出智能小车的外形及结构图。注意：标出智能模块的位置，可进行适当的文字说明。

（3）当制作出智能小车之后，你们打算如何开展实验？请把实验步骤写在这里。

3. 分工制作

小组成员分工合作，记录结果，并分析结果。

4. 交流评价

跟大家交流你们设计的智能小车的特点，建议从作品的外形、功能、原理等方面来展示。找出需要改进的地方，进一步完善作品。

作品评价表		
	自我评价	他人评价
作品外观		
突出功能		
相关知识		
存在问题		
改进方法		

四、实例展示

（1）作品名称：魔法衣柜 MAGIC SPACE（图 3-32）。

（2）突出功能：自动清洗，加热衣服。

（3）创意概述：首先，通过射频识别（RFID）模块控制马达实现开关门，但个人隐私难以保护。于是使用舵机来为它加上一把锁，可以保障内部的安全。其次，通过温度与湿度传感器感应内部的环境是否适宜，并且可以通过风扇和加热模块进行调节，确保使用者的舒适。再次，当使用者更衣时，可以将衣物放在机械臂上，通过红外对射控制机械臂，收集衣物进行清洗。最后，设计的更衣间联通了仓库，只需要在显示屏上选择合适的衣物，仓库进行甄别后会自动将衣物送进更衣间。

（4）技术难点。

① 问题：机械臂收集衣物时，不能将衣物稳稳地抬起。

② 原因：机械臂缺少控制和轨道，容易偏离指定的轨道。

③ 解决：在机械臂左右做上一圈轨道，以此来固定机械臂运动，防止衣物掉落。

（5）创新之处。

① 以马达为动力，以舵机为锁，给使用者提供一个个性化的更衣间。

② 以温度、湿度传感器检测环境，以风扇、加热模块调节温度和湿度，让使用者更衣时更舒适。

③ 以机械臂为衣物收集器，将衣物收齐后可以进行统一清洗。

图 3-32

（6）改进计划。

① 更衣间内机械臂将衣物收集之后，可以直接在衣柜内进行清洗。

② 使用者在显示屏上选择更换的衣物后，仓库可以进行甄别并将衣物送进更衣间内。

五、科技写作

随着人们生活方式的转变及新兴事物的出现，智能窗帘慢慢进入了人们的生活。与当下的智能扫地机器人、全自动洗衣机一样，智能窗帘的出现让人们的生活质量有了提高，生活方式有了变化。如果要你来设计一款智能窗帘，你对智能窗帘的功能有哪些设想？为了实现这些设想需要用到哪些智能模块？把你的创意设想记录下来。

六、信息快递

无人驾驶技术

无人驾驶技术是指通过车载传感系统感知道路环境，自动规划行车路线并控制车辆到达预定目的地的技术。它利用车载传感器来感知车辆周围环境，并根据感知所获得的道路、车辆位置和障碍物信息，控制车辆的转向和速度，从而使车辆能够安全、可靠地在道路上行驶。

无人驾驶技术未来市场潜力巨大，将改变人类传统的出行方式及习惯，并逐渐走向市场化、规模化。同时，无人驾驶技术的发展会带动车载雷达、摄像头等衍生行业长足发展。另外，利用驾驶数据完善系统，可使出行更为方便，从而建立一个智慧出行的社会。

项目六　智能宠物笼

一、知识介绍

1. 物理知识

（1）光的直线传播。

光在相同且均匀的介质中是沿直线传播的。介质可以是固体、液体或气体。

（2）红外线。

红外线是一种不可见光。红外线能使被照射的物体发热，具有热效应。例如，太阳的热量就是以红外线的形式传送到地球上的，应用于夜视仪、测距仪等精密仪器。

说一说：日常生活中还有哪些不可见光？它有哪些性质及应用场景？

2. 智能模块

（1）模拟环境光线模块（图 3-33）。

模拟环境光线模块可以用来对环境的光线强度进行检测。通常用来制作随光线强度变化产生特殊效果的互动作品。

类型：模拟信号。

供电电压：3.3 ～ 5 V。

接口模式：PH2.03。

反应时间：15 us。

感应的光通量范围：1 ～ 6 000 lm。

尺寸：20 mm × 30 mm。

图 3-33

屏幕亮度调节（图 3-34）

模拟环境光传感器可以感知周围的光线情况，并让处理芯片自动调节显示器背光亮度，降低产品的功耗。采用模拟环境光传感器可以最大限度地延长电池的工作时间。同时环境光传感器有助于显示器提供柔和的画面。当外界环境较亮时，使用环境光传感器的液晶显示器会自动调成高亮度；当外界环境较暗时，显示器就会自动调成低亮度。

图 3-34

（2）人体红外运动传感器（图 3-35）。

人体红外运动传感器能检测运动的人身上发出的红外线，输出开关信号，可以应用于各种需要检测运动人体的场合。

输入电压：3.3 ～ 5 V。　　　　工作电流：15 uA。

工作温度：–20℃～ 85℃。　　　　输出延迟时间：2.3 ～ 3 s。

感应角度：100°。　　　　感应距离：7 m。

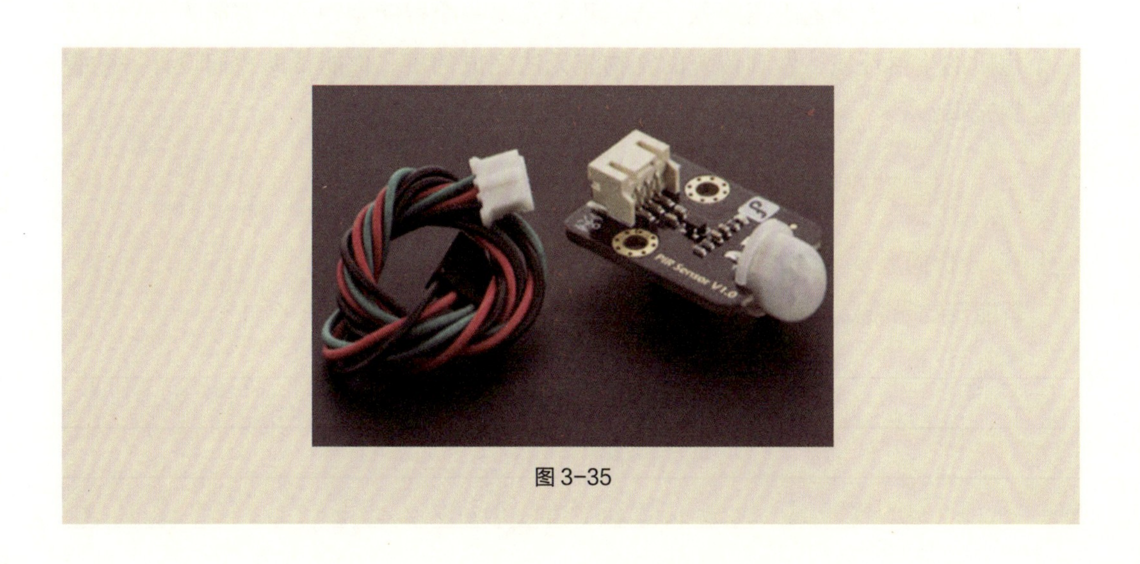

图 3-35

自动门（图 3-36）

自动门通过红外感应器对物体的存在进行反应。不管人是否移动，只要处于感应器的扫描范围内，它都会反应。自动门感应器探测到有人进入时，将脉冲信号传给主控器。主控器判断后通知马达运行，同时监控马达转数，以便通知马达在一定时候加速或减速运行。马达得到一定运行电流后做正向运行，将动力传给同步带，再由同步带将动力传给吊具系统使门开启。门开启后由控制器做出判断，如需关门，通知马达做反向运动，关闭门。

图 3-36

二、问题情景

很多时候，由于忙于工作或学习，我们无法及时满足宠物的需求，难免对它们疏于照顾。为了方便远距离照顾宠物，我们需要一个智能宠物笼。它能为宠物打造一个优质的生活环境，做到传统的宠物笼无法完成的事。你能帮助我们设计一款智能宠物笼吗？

三、探索实践

1. 分析问题

智能宠物笼需要具有哪些功能？应该如何实现这些功能？

2. 设计方案

（1）实现我们所需要的功能需要用到的材料和智能模块有哪些？

（2）请画出智能宠物笼的外形及结构图。注意：标出智能模块的位置，可进行适当的文字说明。

（3）当制作出智能宠物笼之后，你们打算如何开展实验？请把实验步骤写在这里。

3. 分工制作

小组成员分工合作，记录结果，并分析结果。

4. 交流评价

跟大家交流你们设计的智能宠物笼的特点，建议从作品的外形、功能、原理等方面来展示。找出需要改进的地方，进一步完善作品。

作品评价表		
	自我评价	他人评价
作品外观		
突出功能		
相关知识		
存在问题		
改进方法		

四、实例展示

（1）作品名称：流浪宠物智能投喂器（图 3–37）。

（2）突出功能：高效、安全地投喂食物。

（3）创意概述：

① 在小区附近经常有流浪宠物翻垃圾箱，搜寻食物；有一些人会将吃剩的食物丢在小区里，让流浪宠物吃。这不仅污染环境，也无形中增加环卫工人的工作量。

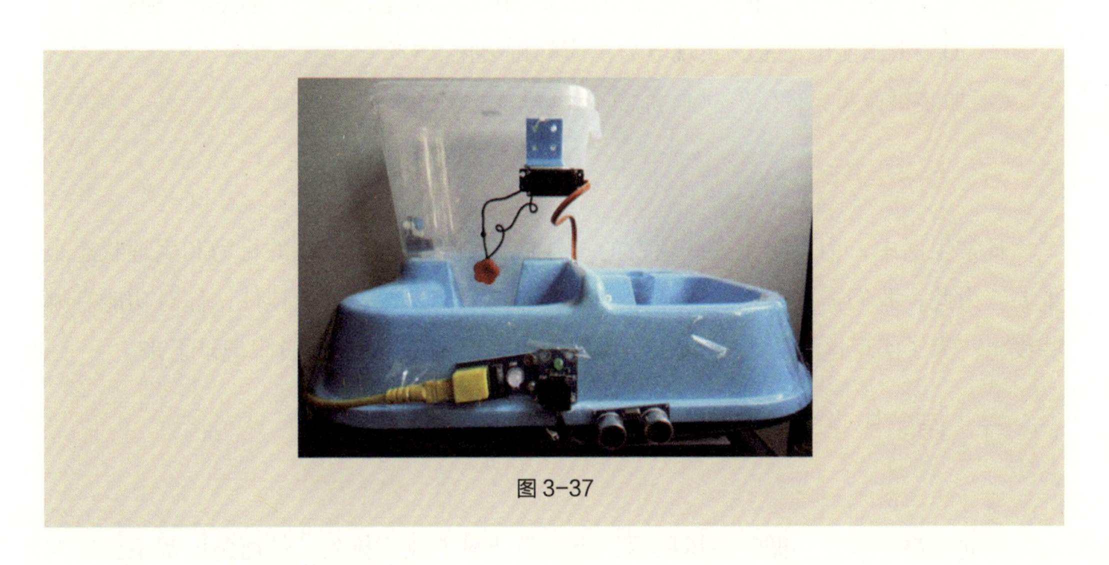

图 3–37

② 为给流浪宠物提供清洁、安全、卫生的食物，同时也保持环境清洁，因此设计了这款流浪宠物智能投喂器。

（4）功能与演示：

① 通过机器内置的湿度、温度传感器检测食物品质。

② 通过重量传感器感知食物存量并及时添加食物。

③ 通过与声呐传感器联动的舵机开关仓门，提供定量食物。

④ 通过内置 GPS 芯片，提供机器定位信息。

（5）工具与材料：

① 宠物喂食盆。

② 物联创新系统：包含主板、称重模组、温度模组、湿度模组、声呐探测模组、灯光警示模组、舵机模组等。

③ GPS 设备。

（6）创新之处：

① 该智能喂食器可实现流浪宠物食物的定点投放，安全卫生。

② 通过物联创新系统与手机相连，可实时感知该智能投喂器各项参数的变化情况。

③ 同时在该智能喂食器上标注二维码，让关心流浪宠物的人士，通过扫描二维码，下载物联创新软件，了解该智能喂食器的工作状态，特别是流浪宠物口粮的余量情况，及时添加，共同为流浪宠物提供爱心。

（7）改进计划：

① 该智能喂食器通过声呐传感器与仓门舵机的联动实现仓门开合，给流浪宠物提供食物。通过加装声控传感器，对应狗和猫。不仅可以提供狗粮，也能提供猫粮。

② 加装太阳能电池板，实现电力供应的持续化。

③ 加装摄像头，提供实时画面。

五、科技写作

日常生活中，为了防止一些突发的意外情况，实时监测宠物的行为和生理状态很重要。为此，我们需要一款智能宠物挂件。如果由你来设计这款挂件，你对功能有哪些设想？为了实现这些功能需要用到哪些智能模块？把你的创意设想记录下来。

六、信息快递

宠物护理烘干一体机

五向风淋浴设计：循环微风风温设定，隐蔽科学风嘴排列，任何角度都不会影响烘干进程。

PTC 航空温控系统：不燃烧氧气，高于 50℃时自动断电，烘干护理更为安全。

近场红外线设施：可以改善血液循环，预防血液疾病，促进宠物伤口愈合，更能缓解疲劳，帮助减轻压力。

负离子发生装置：具有净化空气和杀菌作用，令宠物毛发有光泽，降低感染概率。

项目七　医院呼叫系统

一、知识介绍

1. 物理知识

（1）串联电路（图 3–38）：两个或两个以上的用电器件顺次连接到电路中，这种连接方式叫串联。

（2）并联电路（图 3–39）：两个或两个以上用电器件并列连在一起再连接到电路中去，这种连接方式叫并联。

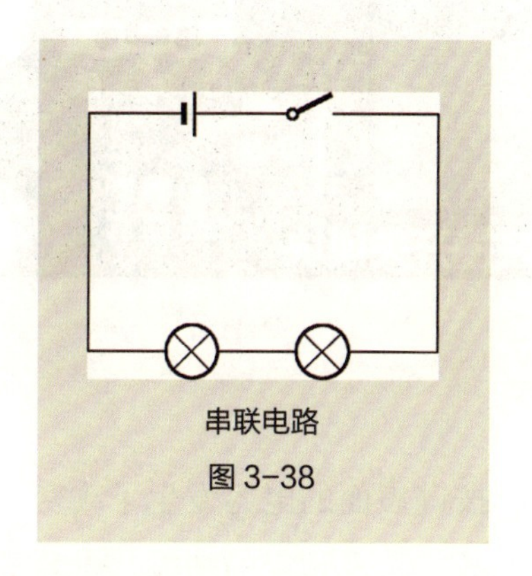

串联电路

图 3–38

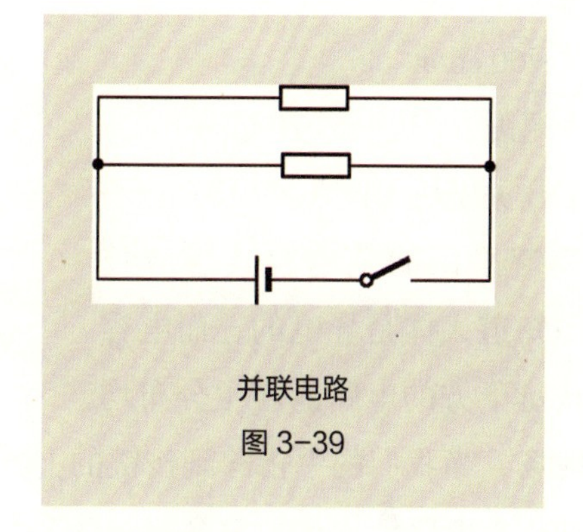

并联电路

图 3–39

2. 智能模块

（1）语音播报模块（图 3–40）。

蜂鸣器是一种一体化结构的电子讯响器，采用直流电压供电，广泛应用于计算机、打印机、复印机、报警器、电子玩具、汽车电子设备、电话机、定时器等电子产品中。蜂鸣器主要分为压电式蜂鸣器和电磁式蜂鸣器两种类型。

工作电压：DC 5 V。

响应范围：（2300±300）Hz。

图 3–40

（2）显示模块（图 3–41）。

图 3–41

这是一款无须背景光源，自发光式的显示模块。模块采用蓝色背景，显示尺寸控制在 0.96 英寸，采用 OLED 专用驱动芯片 SSD1306 控制。该模块支持通过 I2C 接口与控制器通信，支持高传输速率，能够实现 60 Hz 的刷新频率。

工作电压：3.3 ～ 5 V。

显示颜色：蓝色。

像素个数：128 列 × 64 行。

接口方式：Gravity–I2C。

刷屏速率：60 帧 / 秒。

亮度：60 cd/m^2。

工作温度：–30℃～ 70℃。

（3）开关模块（图 3–42）。

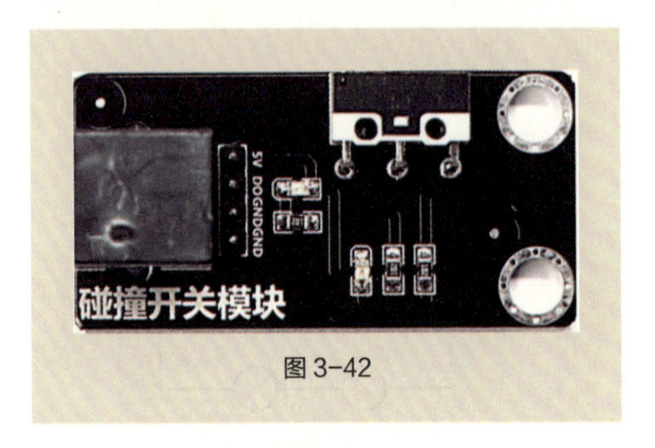

图 3–42

触摸键采用的是电容式感应技术。我们知道人体是导电的，而电容式感应按键下方的电路能产生分布均匀的静电场，当我们的手指移到按键的上方时，按键表面的电容发生了改变，笔记本电脑内的相关电路依据这种电容的改变来做出判断，实现预定的功能。电容式按键使用起来非常方便，只需触摸，就可操作。

工作电压：5 V。

自助挂号机（图 3–43）

我们大多有过这样的体会，去医院看病挂号的时候，挂号窗口经常排起一支长长的队伍，有时甚至会出现拥挤现象。近几年出现的自助挂号机，主要是针对我国目前大型医院排队挂号队伍长、等待时间久等现状而设计的。通过将触摸屏等硬件技术与医院信息系统（HIS）对接可以满足病人的自助挂号、自助预约、自助充值、收费项目信息查询等需求，还能帮助医院优化业务流程，提升医院日常运营效率和服务质量，从而有效缓解排队问题，改善患者体验。

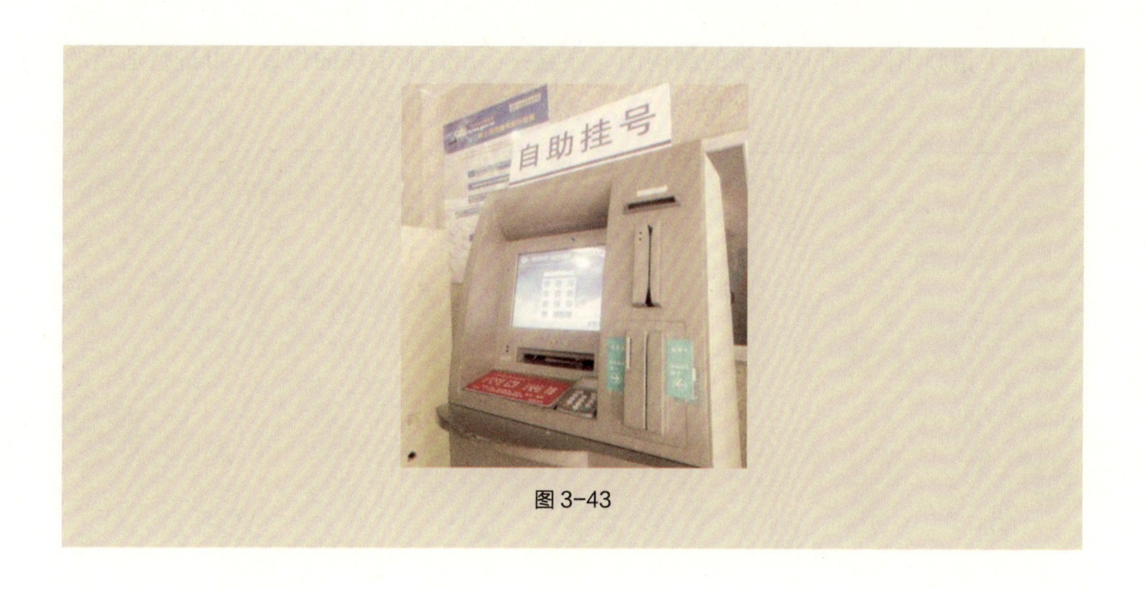

图 3-43

二、问题情景

病人在医院输液的时候，有时输液快结束了而家人刚好不在身旁，病人自己又不方便去叫护士换新的输液瓶。这个时候呼叫系统就显得很重要了，病人可以自己按开关，之后值班室的护士就会过来换新的输液瓶。那我们应该怎样设计一个呼叫系统，做到随叫随到呢？

三、实践探索

1. 分析问题

医院呼叫系统线路的布局是怎样的？串联和并联可以实现随叫随到的功能吗？

____

____

____

____

2. 设计方案

（1）医院呼叫系统需要用到哪些材料和智能模块？

____

____

____

____

（2）请画出医院呼叫系统的结构图。注意：标出智能模块的位置，可进行适当的文字说明。

（3）当设计出医院呼叫系统之后，你们打算如何开展实验？请把实验步骤写在这里。

（4）想一想，当有多个病人同时需要换新的输液瓶时，我们怎么才能知道是哪些需要换？

3. 分工制作

小组成员分工合作，记录结果，并分析结果。

4. 交流评价

跟大家交流你们所设计的医院呼叫系统，建议从作品的功能、原理等方面来展示。找出需要改进的地方，进一步完善作品。

作品评价表		
	自我评价	他人评价
作品外观		
突出功能		
相关知识		
存在问题		
改进方法		

四、实例展示

（1）作品名称：智能集成灶（图 3–44）。

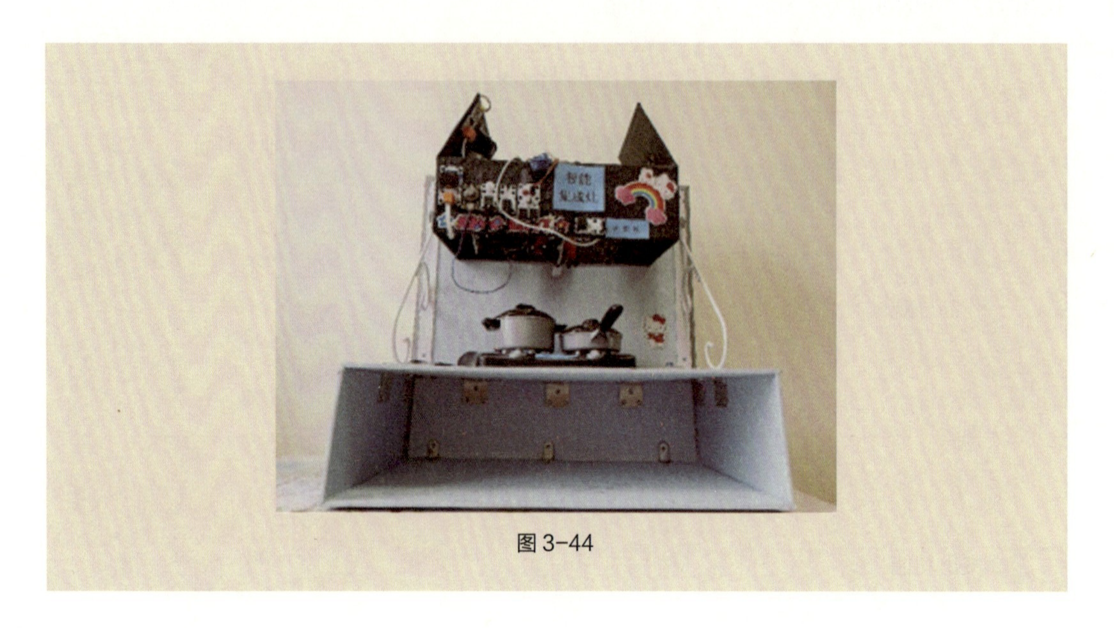

图 3–44

（2）突出功能：安全杜绝因煤气泄漏、忘关煤气灶等而引发的险情。

（3）创意概述：油烟机装有人体红外和碰撞开关（触碰传感器），做饭时手一碰开关即可开启油烟机。当人体红外感应到灶台附近没有人时就自动关闭开关，有效地避免了因煤气泄漏、忘关煤气灶等而引发的险情。

（4）工具与应用：采用了蜂鸣器和三色灯。当可燃气体或火焰传感器的温度大于400℃时，蜂鸣器响，三色灯亮红灯。同时油烟机装有人体红外和碰撞开关，做饭时手一碰开关即可开启油烟机，再碰一下关闭。当检测到有煤气泄漏时，蜂鸣器发出警报并开启语音播报。当人体红外没检测到有人来时，煤气灶自动熄火，油烟机延时关闭以吸收余味。

（5）改进计划：我们考虑当室内温度超过 25℃时，舵机旋转 90 度启动厨房吊顶散热片。煤气灶设有定时传感器、熄火传感器、温度传感器、压力传感器及漏气报警传感器。温度传感器能避免锅被烧干，而压力传感器能避免锅被空烧。蒸烤箱装有防烧干传感器，还设有 85℃恒温装置，不用作蒸烤时可以给菜保温等，从而实现厨房的智能安全！

五、科技写作

每当上下学的时候，某学校周围经常出现拥堵的现象，车辆和行人都拥堵在学校

的门口。红绿灯的时间不能很好地根据人流量的大小而调节，不能及时疏散人群的话会存在极大的安全隐患。于是我们设想设计一个根据人流量自动调节红绿灯时间的交通智能灯。想一想，它需要用到哪些技术？结合本章所学，将你的创意写下来。

六、信息传递

1. 电的产生

电是怎么产生的呢？回答这个问题之前我们不得不提一位伟大的科学家——迈克尔·法拉第（图 3-45），英国物理学家，在电磁感应及电化学领域做出了巨大的贡献。迈克尔·法拉第是英国著名化学家戴维的助手和学生，1831 年，法拉第首次发现电磁感应现象。他的发现奠定了电磁学的基础，是麦克斯韦的先导。他发明了圆盘发电机，是人类创造出的第一个发电机，成为电学之父。

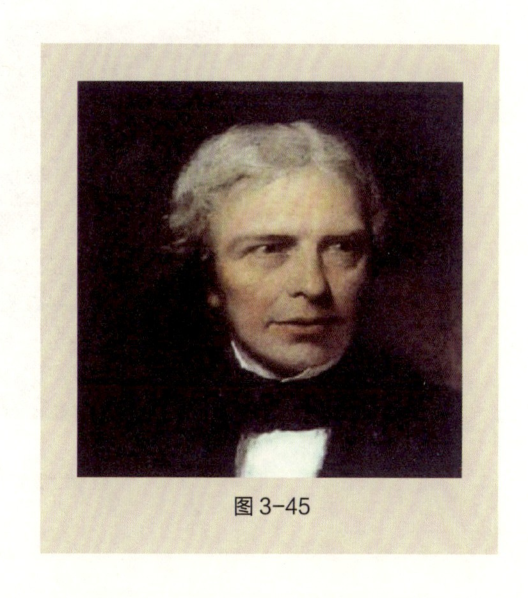
图 3-45

2. LCD 和 OLED

LCD（Liquid Crystal Display）即“液态晶体显示”技术，LCD 电视也就是我们常说的液晶电视，是一种采用了 LED（发光二极管）为背光光源的液晶显示技术电视。

OLED 和 LCD 最大的区别是是否具有“自发光”的属性。有机发光半导体的元件可以“自行发光”，并不需要“背光源”的支持。一个非常形象的比喻：OLED 和 LCD，一个像太阳，而另一个像月亮。

两者间的其他区别如下：

（1）价格。由于液晶技术比较成熟，应用产品较多，不论是低端机还是中高端机，LCD 液晶屏的手机价格都比较占优势。而配置 OLED 液晶屏的手机价格会高些，不占优势。

（2）厚度。OLED 较 LCD 少了好几层材料，所以更薄。

（3）折叠、弯曲。由于显示原理不同，OLED 屏幕可以实现折叠和弯曲，而 LCD 屏幕不可以。

（4）对比度，也就是对黑色的表现。LCD 最让人诟病的就是其对黑色的表现：由于液晶层不能完全关合，当 LCD 显示黑色的时候，会有部分光穿过颜色层，所以 LCD

显示的黑色实际上是白色和黑色混合的灰色。而 OLED 则不存在该问题，因而对比度较高。图 3-46 为 OLED 和 LCD 屏幕在显示纯黑图片时的区别。

图 3-46

项目八 智能户外节能灯

一、知识介绍

1. 物理知识

（1）光照强度。

光照强度指单位面积上所接受到的可见光的能量，单位是勒克斯（Lux 或 Lx）。一般来说，夏天正午阳光直射下，光照强度为 60000 Lx 以上；而日出、日落时分，光照强度为 200 ～ 300 Lx。

（2）光能的转换。

光能可以转换成各种各样的能量，我们日常生活随处可见，如植物通过光合作用，将光能转换为自身的能量存储起来（图 3–47）。同样，现在我们常用的太阳能电池可以将光能转换为电能。

图 3–47

（3）光的传播速度。

我们在下雨天打雷的时候为什么总是先看到闪电，过了一会才听到雷声（图 3–48）呢？这是因为光速远远大于声音的传播速度，一般情况下，光在空气中的传播

速度为 3.0×10^{8} m/s，而声音在空气中的传播速度大致为 340 m/s。所以说，雷电发生地距离我们越远，我们看到闪电和听到雷声的时间间隔越久。

图 3-48

2. 智能模块

（1）光照强度模块（图 3-49）。

- 返回光照强度数值（整数），如 200 Lx。
- 采用黑色 RJ11(四芯)线连接。
- 只允许主控板 11 号接口。

图 3-49

该传感器是能感受有规律的被测量，并按照一定的规律将其转换成可用输出信号的器件或装置。可见光传感器是将可见光作为被测量，并将其转换成输出信号的器件。

可见光传感器主要有以下应用：

① 背光调节：电视机、电脑显示器、LED 背光、手机、数码相机等。

② 节能控制：室外广告机、感应照明器具、玩具。

③ 仪器仪表：测量光照度的仪器及工程控制。

（2）循光模块（图 3-50）。

- 也叫光敏传感器，或循光传感器。
- 返回 0 或 1，真假值（布尔型）。
- 光照强度达到阈值则为 1，否则为 0。（阈值通过旋转蓝色按钮改变）

图 3-50

采用黑色 RJ11（四芯）线连接。（任意接口）

应用领域：智能导航车的自动循迹和避障。在搞科研活动时会遇到一些险恶的环境，我们用搭载摄像机和循光传感器的小车进行探索。小车在光源的引导下前进与后退，给科研提供了极大的便利。

二、问题情景

夏天我们有时会看到路灯在天色较亮的时候仍然亮着，这样既起不到给道路照明的作用，又会给路灯带来损耗，还浪费电能。路灯管理部门也曾试着通过加强人工管理等方式来处理这一“长明灯”现象，但由于天气情况多样，每天日出、日落的时间也不同，总会出现这样那样的疏漏。请你想想办法，怎样才能在照明的同时做到节能？

图 3-51

三、探索实践

1. 分析问题

如果要制作一款智能户外节能灯，要考虑环境亮度、经过行人的多少等多个因素。当考虑到这些因素时，要怎么控制灯的亮暗呢？（如没有人经过时灯亮度变暗）

____

____

____

____

2. 设计方案

（1）制作这款智能户外节能灯需要用到的材料和智能模块有哪些？

（2）请画出智能户外节能灯的外形及结构图。注意：标出智能模块的位置，可进行适当的文字说明。

（3）当制作出智能户外节能灯后，你们打算如何开展实验？请把实验步骤写在这里。

3. 分工制作

分工合作制作智能户外节能灯。把制作过程中遇到的问题及解决方法记录下来。

4. 交流评价

展示智能户外节能灯的创新功能，建议从作品的科学性、工艺水平、功能效果等方面来展示。找出需要改进的地方，进一步完善作品。

作品评价表		
	自我评价	他人评价
作品外观		
突出功能		
相关知识		
存在问题		
改进方法		

四、实例展示

图 3-52

（1）作品名称：高效智能太阳能采集器（图 3-52）。

（2）所用工具：温度传感器、语音播放模块、光电码盘、马达、光照传感器、模拟舵机、磁簧开关、数字舵机、红外对射模块。

（3）突出功能：通过物联网，在 iPad、手机上随时随地实现以下的功能。

① 远程查看运行状态：太阳光照强度；周围环境温度采集板所处方位。

② 远程操作：设置新的采集板的方位和仰角；设置采集板的旋转速度。

（4）创意概述：这款高效智能太阳能采集器的设计主要是为了能远距离调整太阳能采集板的方位及仰角，从而更高效、更便捷地利用太阳能。而且它能通过手机、iPad 实时远程查看设备运行状态，并能远程遥控操作。当然，我们还可以根据不同的使用目的，灵活地加装不同的太阳能转换模块，如加装集热器，将太阳能转变为热能等。

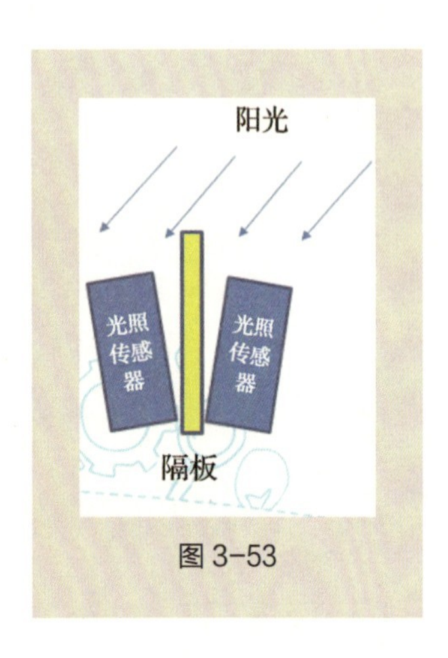

图 3-53

（5）改进的方案：我们的采集器能不能像向日葵一样随着太阳的变化而转动呢？这样我们就能够采集更多的太阳能了。对此，我们将两个光照传感器按一定角度安装在隔板两侧。当两个传感器上的光照强度差值超过设定值时，采集板缓慢转动，直到光照强度差值小于设定值才停止转动。

分组讨论：你还有更好的办法高效地采集太阳能吗？

五、科技写作

随着科技的发展，我们有了各式各样的灯，有光控灯，也有声控灯，这给我们的生活提供了很大的便利。但我们还是会遇到这样的一种情况，当晚上要起床的时候，我们常常摸黑起来先开灯，灯一开的瞬间非常刺眼。我们可不可以设计一种智能卧室

灯（图 3-54），这种灯在人起床时灯光会慢慢地亮起来让人能够适应。如果由你来设计，你将运用哪些技术制作智能卧室灯？请把你的创意记录下来。

图 3-54

六、信息速递

手机上的传感器（图 3-55）

手机上有许许多多的传感器，日常生活中用得最多的传感器是光线感应器与距离感应器。这两个传感器分别对应手机上的两个孔，但并不是说两个孔分别对应一个，而是共用，分别实现红外线的收发。光线感应器能够实现屏幕亮度自动调节等，距离感应器能够在通话时感应手机与人脸的距离，从而自动关屏，防止脸部误触屏幕引起失误操作。

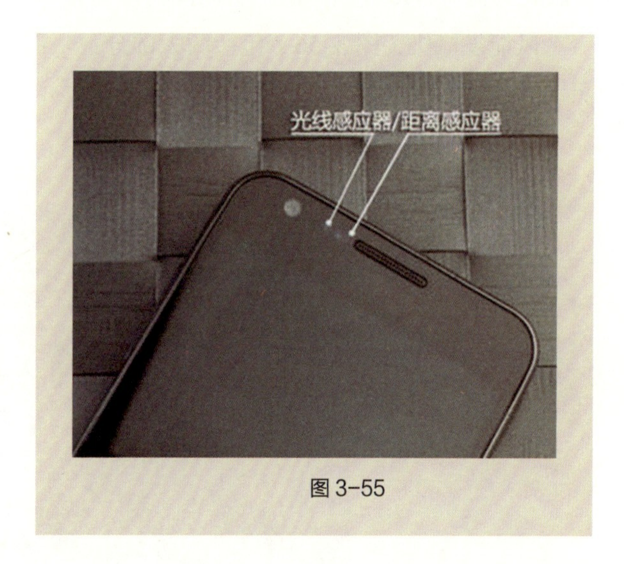

图 3-55

项目九　风能发电机

一、知识介绍

1. 物理知识

（1）能量转换。

能量转换指能量在固定封闭环境下既不会凭空产生也不会凭空消失，只能从一种形式转化为另一种形式或是从一个物体转移到另一个物体。

风能发电机（图 3-56）包括两大部分：一部分是风力机，它将风能转换为机械能；另一部分是发电机，它将机械能转换为电能。

图 3-56

（2）风的成因。

风是由空气流动引起的一种自然现象，一般是由太阳热辐射引起的。太阳光照射在地球表面上，使地表温度升高，地表的空气受热膨胀变轻而往上升。热空气上升后，低温的冷空气横向流入，上升的空气因逐渐冷却变重而降落，由于地表温度较高又会加热空气使之上升，这种空气的流动就是风。

（3）电磁感应现象。

电磁感应现象又称磁电感应现象，是指闭合电路的一部分导体在磁场中做切割磁

感线运动，导体中就会产生电流。这种利用磁场产生电流的现象叫作电磁感应现象，产生的电流叫作感应电流。

2. 智能模块

（1）温度传感器（图 3–57）。

一款基于 LM35 的半导体温度传感器，可以用来对环境温度进行检测。其测温范围是 –40 ℃ ～ 150 ℃，灵敏度为 10 mV/℃，输出电压与温度成正比。LM35 线性温度传感器与 Arduino 专用传感器扩展板结合使用，可以非常容易地实现与环境温度感知相关的互动效果。

图 3–57

传感器芯片灵敏度：10 mV/℃。

测量温度范围：0 ～ 100 ℃。

供电电压：DC 3.3 ～ 5 V。

各式各样的温度传感器

回想一下，今天你是用水壶烧水然后冲了一杯咖啡喝，还是从冰箱里拿了一瓶酸奶喝？你乘地铁上班了吗？手机是否已充过电了？这些都使用了温度传感器。热敏电阻、热电偶、热电堆、数字传感器、铂电阻传感器等成了具有高度精密性的设备，可在工厂、医院、学校、家庭及其他场所为人们提供帮助。图 3–58 为正在给水加热的热水器。

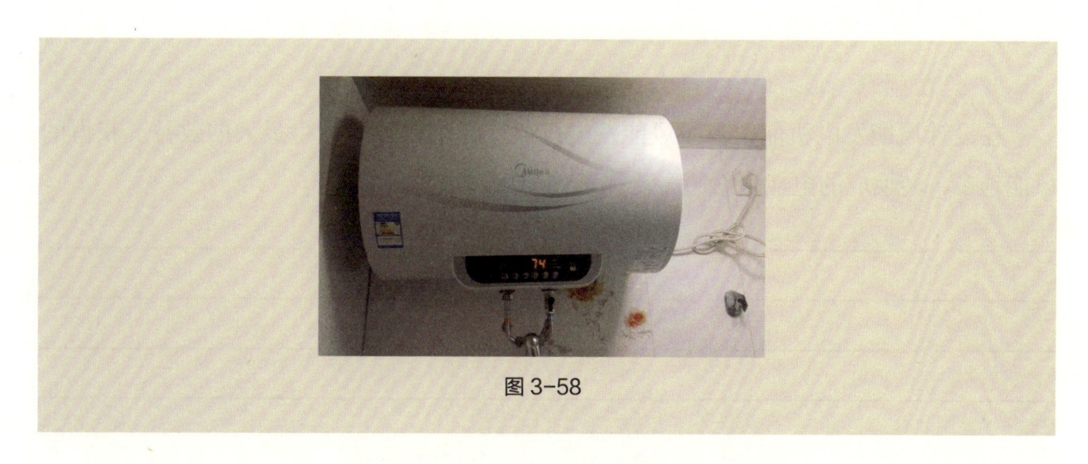
图 3–58

说一说：你还能想到日常生活中的哪些家用电器用到了温度传感器？

（2）风扇转动模块（图 3-59）。

风扇转动模块不需要额外的电机驱动板，使用 Arduino 就可以轻松驱动起来，你也可以使用 PWM 脉冲宽度来调节电机转速，风扇转动模块适合 DIY 小制作。

工作电压：DC 5 V。

接口类型：标准数字传感器接口。

图 3-59

二、问题情景

在偏远的山村等地，往往因为路途崎岖造成送电困难，每到夜晚的时候灯都是一亮一暗，电压很不稳定。所以请利用当地有充足风能的优势，设计一款风能发电机进行供电。这不仅能节约能源，还能作为一种可再生的清洁能源持续利用。

三、探索实践

1. 分析问题

在设计风能发电机前，考虑风能发电机放在哪个位置能产生最大的效益。获得的风能越多，转换成的电能也就越多。那该如何确定放置位置呢？

____

____

____

____

2. 设计方案

（1）制作这款风能发电机需要用到的材料和智能模块有哪些？

（2）请画出风能发电机的外形及结构图。注意：标出智能模块的位置，并进行适当的文字说明。

（3）请自行设计表格，记录风速对发电功率的影响。

3. 分工制作

分工合作制作风能发电机。把制作过程中遇到的问题及解决方法记录下来。

4. 交流评价

展示风能发电机的创新功能，建议从作品的科学性、工艺水平、功能效果等方面来展示。找出需要改进的地方，进一步完善作品。

作品评价表		
	自我评价	他人评价
作品外观		
突出功能		
相关知识		
存在问题		
改进方法		

四、实例展示

（1）作品名称：智能景区（图 3-60）。

（2）突出功能：语音提醒、温度检测和红外感应。

（3）创意概述：

① 为了突出景区的外观与色彩，用了拼装积木和物联网创新设计组件。

② 当游客进入景区大门时，通过红外对射来统计进园人数，刷卡时舵机打开让游客进园，语音播报“欢迎光临”。

③ 通过人体红外来判断当前厕所是否有人，当红灯亮绿灯灭时，表示有人，反之为无人。

④ 当餐厅温度达到预设温度时自动开启风扇散热。

（4）工具与材料：采用拼装积木和物联网创新设计组件。同时装有语音播报模块和红外感应模块，用于统计进园的人数。

（5）改进计划：对于一些有危险的地方，安装设备提醒游客。例如，在景区的水池和假山旁安装蜂鸣器，当游客进入预设距离（测距）时蜂鸣器会发出警报，提醒游客，以防事故发生。

图 3-60

五、科技写作

能不能设计一个种菜机器人去栽种蔬菜和果树？结合所学，你能不能想一个办法给种菜机器人提供一个供电系统，使它能有维持自身运作的能量？

六、信息快递

风车之国（图 3-61）

荷兰风车（Netherlangish windmill）又称荷兰式风车，是利用风能产生动力并用于碾谷物和烟叶、榨油、压毛毡、造纸的工具。荷兰风车最早从德国引进，开始时仅用于磨粉之类。16 世纪和 17 世纪，荷兰在世界的商业中占重要地位，各种原料（如北欧各国和波罗的海沿岸各国的木材、德国的大麻子和亚麻子、印度和东南亚的肉桂和胡椒等）从各路水道运往荷兰加工。最大的荷兰风车有好几层楼高，风翼长达 20 米。有的风车由整块大柞木做成。在荷兰鹿特丹和阿姆斯特丹近郊，有很多靠风车运作的磨坊、锯木厂和造纸厂。在荷兰人围海造陆的过程中，风车发挥了巨大的作用。这是因为荷兰坐落在地球的西风带，一年四季盛吹西风。因而给缺乏资源的荷兰提供了充足的风力资源。风力自动化代替了手工劳作。

目前，荷兰有两千多架各式各样的风车。荷兰人很喜爱他们的风车，在民歌和谚语中常常赞美风车。每逢盛大节日，荷兰人会 在风车上围上花环，悬挂国旗和硬纸板做的太阳和星星。

图 3-61

电脑风扇和温度传感器

电脑风扇分为机箱风扇（图 3-62）和 CPU 风扇。机箱风扇是安装在电脑机箱上的，用于为电脑机箱整个内部空间散热。而 CPU 风扇是安装在 CPU 处理器上的，用于为 CPU 散热，通常就是电脑启动时嗡嗡作响的东西。

CPU 探温头是集成在 CPU 上的传感器，通过此传感器可以探测到相关硬件的温度。当电脑处于运行状态时，CPU 的传感器也在运行，以此来保证实时监控硬件温度。当温度过高时，改变风扇的转速以防止硬件温度过高而损伤电脑。

图 3-62

项目十　打造一家 24 h 无人超市

一、知识介绍

1. 物理知识

（1）不可见光。

人类肉眼看不见的光，包括红外线、紫外线、远红外线等。

（2）红外线。

红外线肉眼看不见，如图 3-63 所示，其光谱位于红色外（比红光波长更长）的电磁波。红外线具有热效应。包括人体在内，各种动植物、物品都会发出不同的红外线。温度越高的物体，辐射红外线越多。

红外线的应用：

① 红外线烤箱。

② 遥控器。

③ 红外夜视仪。

说一说： 生活中还有哪些与红外线有关的应用？

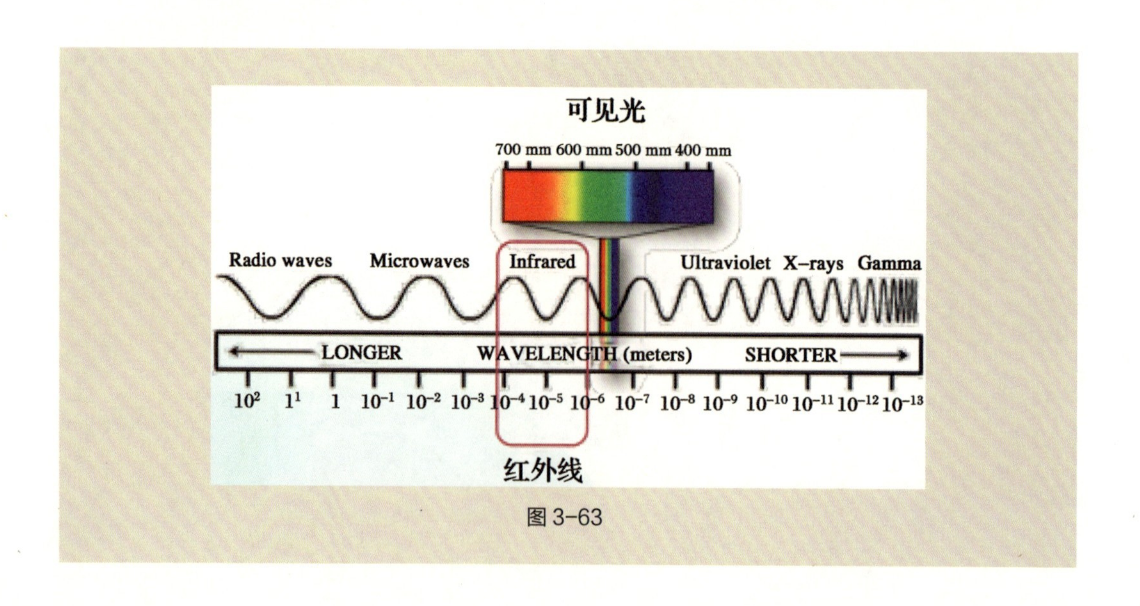

图 3-63

2. 智能模块

红外对射模块（图 3–64）。

工作原理：当红外接收端接收到发射光束时，输出脉冲信号。当光束被遮挡时，脉冲信号停止输出。

安装注意：确定安装位置，使安装后的红外发射光束能有效遮断目标通道。

测一测该设备可接受信号的最远距离是多少。

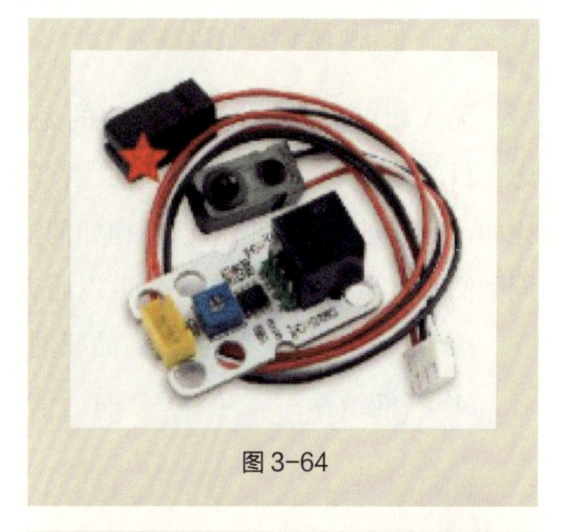
图 3–64

3. 物联网智能应用

（1）智能标签。

二维码、RFID 标签（图 3–65）、条码、IC 卡等智能标签，给万物加上“身份证”。

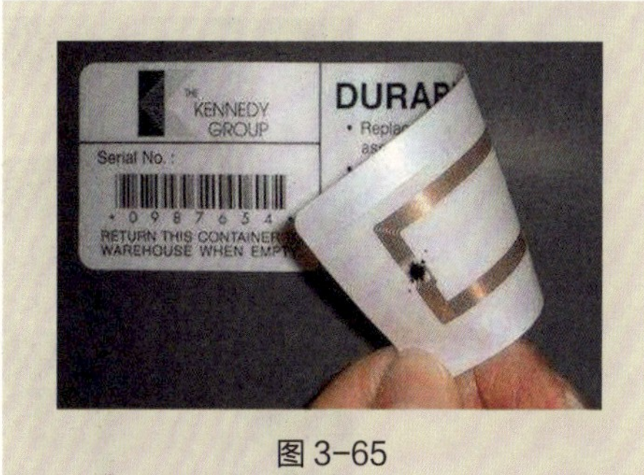

图 3–65

（2）智能监控。

各种传感器无间断地实时监控各种状态的数据，如运动手环（图 3–66）采集温度、湿度、光照、声音大小、人体红外、运动状态等数据，并将数据保存在云服务器上。

图 3–66

（3）智能控制。

根据传感器网络获取的数据信息，通过云平台或智能网对这些应用做进一步的控制和反馈。如图 3–67 扫地机器人，具有智能识别规划路线、自主清扫等功能。

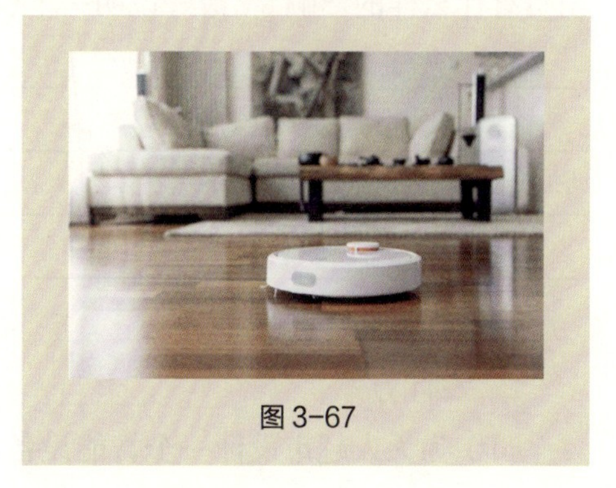
图 3–67

二、问题情景

无人超市来了，请体验身边的无人超市（图 3–68），从商家和顾客两个角度去考虑：目前的无人超市存在哪些问题？每个人在体验和研究无人超市时关注点可能不同。比如，如何进入无人超市，货物如何实现合理的摆放，顾客结账如何更加便捷，等等。同学们可以研究以下课题，也可以研究自己发现的问题。

① 身份识别；　② 商品联网；　③ 安全监控；

④ 智能结算；　⑤ 实时通信；　⑥ 智能补货。

图 3–68

三、探索实践

1. 分析问题

每个小组汇报一项观察中最重要的发现，并说明这个发现对无人超市经营、顾客消费有什么样的影响。（最好说明一下，你们是怎么观察的）

____

____

____

____

2. 设计方案

（1）为无人超市设计一个智能设备，需要用到的材料和智能模块有哪些？

（2）将小组创意设计图画下来。注意：标出智能模块的位置，可进行适当的文字说明。

（3）请设计出程序的流程图。

3. 分工制作

分工合作，把制作过程遇到的问题及解决方法记录下来。

4. 交流评价

展示无人超市的创新功能，建议从作品的科学性、工艺水平、功能效果等方面来展示。找出需要改进的地方，进一步完善作品。

作品评价表		
	自我评价	他人评价
作品外观		
突出功能		
相关知识		
存在问题		
改进方法		

5. 生活拓展

你知道美国亚马逊无人超市（Amazon Go）(图 3–69）运用了哪些黑科技吗？

亚马逊无人超市用到了计算机视觉、感应器融合和深度学习这三种黑科技。前两者主要用于采集数据，后者用于数据分析和识别，主要采用的硬件有摄像头、红外线或重力感应器、蓝牙发送器。无人超市运营的主要过程是通过监控分析物品的运动，判断用户是否购买，感应器采集数据，通过分析进一步印证判断，最后通过蓝牙发送信息。

计算机视觉是监控摄像头和图片分析技术。摄像头大家都知道，真正关键的是图片分析技术。一般的超市的监控分析是如何完成的呢？答案是保安实时看。亚马逊无人超市是利用图片分析技术识别拿出物品和放入物品，物品的图片被储存在系统内，通过探索图片，与被放入物品进行比较，识别物品是否一致。

重力或红外线感应器的作用是识别物品的运动，判断物品有没有“跨界”：当物品静置时，视频 / 图片变动不大，电脑可以实时分析。当物品被拿动时，可以根据物品的运动判断原有物品是否在原地。这个运动的边界就是货架。物品离开货架瞬间就被记录了，所以默认物品已经离开货架等同于购买，物品放回原地等于不购买。识别物品位置和识别物品跨界就需要感应器。

图 3–69

“You can just go. No lines. No checkout.”
你认为这句广告语的寓意是什么？

四、实例展示

（1）作品名称：无人超市智能通道（图 3–70）。

（2）工具与材料：马达驱动模块、超声波测距模块、人体红外模块、红外对射模

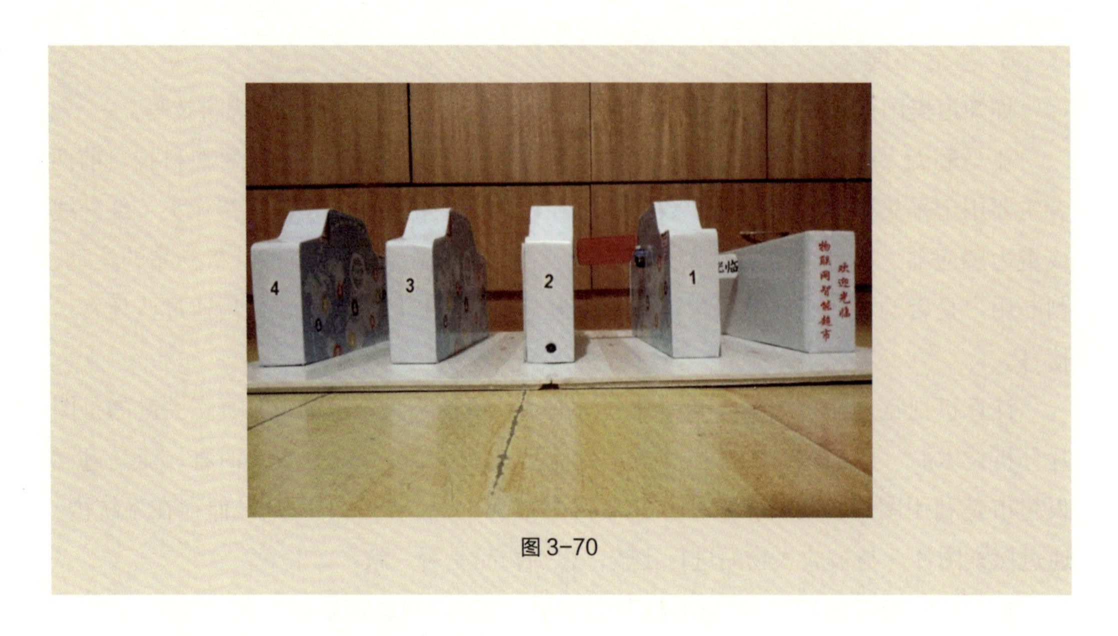

图 3-70

块、语音播报模块、三色 LED 灯。

（3）突出功能：自动开门、智能结账、杆闸自动开闭、报警系统。

（4）创意概述：主要用于各大超市。从入口开始，顾客走近门，门自动打开。进入超市采购完成，在智能结账通道上结算付款成功后，相应的信息会通过传感器传到舵机，舵机启动自动杆闸，让顾客通过通道离开超市。结账通道中设有报警系统，在遇到一些突发状况时，工作人员接收到信息可以进行相应的处理。这个智能结账通道还可以计算人流，在通道中安装了红外对射传感器，有人通过时，感应器会将感应到的信息传递到计算机，通过信号记录人流。

（5）改进计划：防止违规闯入现象，可以用触碰开关激发红外对射装置。当红外对射检测到 1 时（说明进入人数为 1 人），显示绿灯，且语音播报“欢迎光临”；一旦红外对射检测到大于 1 的数字，说明有人违规闯入，显示红灯，语音播报“请勿违规闯入”。

五、科技写作

学校要建一个创客教室，准备实现无人化管理，如果由你来设计，你将运用哪些技术？请把你的创意记录下来。

六、信息快递

无线射频识别技术

RFID 是无线射频识别技术的缩写，它的使用方法是将标签贴在商品上，商品经过某一区域时，标签可以自动被感知，从而识别商品。这与当前的收银员扫描过程类似，只是 RFID 技术能远距离（30 m）批量识别，这样的话只要在出口设立感应装置，任何经过该出口的商品都能被识别。它的应用场景是：购物过程中自动识别购物车中的物品，完成购物后手机上出现付款的二维码，到收银台扫描付款即可。